"中国特色高水平专业群"新形态活页式系列教材

"互联网+"茶叶营销

主　　编：李小青
副主编：李爱雄　李　源　程　欢
联合开发：数字产业学院（杭州）

電子工業出版社
Publishing House of Electronics Industry
北京•BEIJING

内 容 简 介

互联网的兴起给茶叶企业营销渠道管理带来了深刻的影响，为茶叶企业带来了一定的机遇和挑战。随着互联网的不断发展，营销渠道的概念日渐丰富，其重要性也日益显著。营销渠道已成为建立和发展企业核心能力的重要源泉。生产商通过营销渠道向消费者提供服务是企业建立并保持长久竞争优势的根本。我国传统的茶叶营销渠道主要存在有品类、无品牌、大而不强，销售渠道单一，渠道间独立性较强等问题，因此近几年来茶叶市场呈现销量急剧下滑、供需失衡等态势。面对茶叶营销现状，茶叶企业想要在竞争激烈的环境中生存下去就要结合当今社会环境采取相应的营销策略，将传统营销渠道与互联网相结合。

本教材主要服务于茶叶营销专业，是“互联网+”背景下茶叶营销学习的必备参考书。本教材的主要读者为茶叶类专业的高职学生、本科学生，同时本教材也可作为茶叶企业管理者的经营参考书。

图书在版编目（CIP）数据

“互联网+”茶叶营销 / 李小青主编. —北京：电子工业出版社，2022.12

ISBN 978-7-121-44815-7

Ⅰ. ①互… Ⅱ. ①李… Ⅲ. ①茶叶－网络营销－高等学校－教材 Ⅳ. ①F762.2

中国国家版本馆 CIP 数据核字（2023）第 001648 号

责任编辑：张云怡　　　　特约编辑：田学清
印　　刷：中煤（北京）印务有限公司
装　　订：中煤（北京）印务有限公司
出版发行：电子工业出版社
　　　　　北京市海淀区万寿路 173 信箱　　　　邮编：100036
开　　本：787×1092　1/16　印张：11.25　字数：260 千字
版　　次：2022 年 12 月第 1 版
印　　次：2023 年 6 月第 2 次印刷
定　　价：45.00 元

凡所购买电子工业出版社图书有缺损问题，请向购买书店调换。若书店售缺，请与本社发行部联系，联系及邮购电话：（010）88254888，88258888。

质量投诉请发邮件至 zlts@phei.com.cn，盗版侵权举报请发邮件至 dbqq@phei.com.cn。

本书咨询联系方式：（010）88254573，zyy@phei.com.cn。

前言

中国是茶叶的故乡，茶文化博大精深、源远流长，随着生活水平的提高，人们对健康、品位、文化生活的追求越来越高。同时随着智能终端的兴起，移动互联成为人们生活的重要组成部分。基于互联网的茶叶营销更广泛地传播了我国的茶叶文化，不仅可以增强从业者的文化自信，还可以以传播茶文化为载体，为打造人类命运共同体贡献力量。这种新型的营销方式能够满足人们追求更高生活品质的需求，同时也促进了茶叶加工技术的提升和茶叶品牌内涵的深度挖掘。

本教材共分七个项目，每个项目下设置若干个任务，每个任务按照“任务分析—任务目标—任务知识储备—任务实施—任务评价—任务巩固与案例分析”的结构组织内容，结构清晰明了。项目 1 为“互联网+”茶叶营销认知，介绍了移动互联时代的营销理论和茶叶营销理论；项目 2 为“互联网+”茶叶产品定位，包括目标市场定位、差异化定位、目标人群定位等；项目 3 为“互联网+”茶叶品牌塑造，主要介绍了品牌的人格化设计、文化建设，以及呈现效果；项目 4 为“互联网+”茶叶定价，主要介绍了茶叶成本、需求、生命周期等方面的定价方法；项目 5 为“互联网+”茶叶品牌传播，包括茶叶的销量、文化、口碑方面的传播；项目 6 为“互联网+”茶用户互动，包括互动的话题、渠道、活动等内容；项目 7 为“互联网+”茶叶营销案例剖析，主要分析了小罐茶、安溪铁观音、喜茶的营销情况。

本教材由李小青担任主编，李爱雄、李源、程欢任副主编。本教材在撰写过程中，参考、借鉴了大量网络和书刊资料，在此一一表示感谢。由于编者精力有限，加之时间仓促，书中难免存在疏漏与不足之处，望各位专家学者与广大读者批评指正，以使本书更加完善。

编者
2022 年 5 月

目录

项目 1 "互联网+"茶叶营销认知 1

任务 1.1 互联网营销认知 1

【任务目标】 1

【任务知识储备】 1

知识储备 1 认识互联网营销的概念 1

知识储备 2 了解互联网营销的发展 2

知识储备 3 熟悉互联网营销的特点与营销模式 3

【任务实施】 4

【任务巩固与案例分析】 5

任务 1.2 茶叶营销认知 6

【任务目标】 6

【任务知识储备】 7

知识储备 1 了解茶叶营销 7

知识储备 2 熟悉茶文化 7

【任务实施】 8

【任务巩固与案例分析】 9

任务 1.3 "互联网+"茶叶营销认知内容 10

【任务目标】 10

【任务知识储备】 10

知识储备 1 了解"互联网+"茶叶营销思维 11

知识储备 2 认识"互联网+"茶叶营销模式 12

【任务实施】 13

【任务巩固与案例分析】 14

项目 2 "互联网+"茶叶产品定位 18

任务 2.1 茶叶的目标市场定位 19

【任务目标】 19

【任务知识储备】 19

知识储备 1 分析茶叶的互联网市场容量 19

知识储备 2 分析茶叶的互联网市场增长趋势 21

知识储备 3 分析茶叶的互联网市场竞争 22

知识储备 4 分析茶叶的细分市场 24

【任务实施】 25

【任务巩固与案例分析】 26

任务 2.2 茶叶的差异化定位 27

【任务目标】 28

【任务知识储备】 28

知识储备 1 了解茶叶属性的差异化定位 28

知识储备 2 了解茶叶价格的差异化定位 29

【任务实施】 31

【任务巩固与案例分析】 33

任务 2.3 茶叶的目标人群定位 34
【任务目标】 34
【任务知识储备】 34
知识储备 1 了解目标人群的区域定位 34
知识储备 2 了解目标人群的年龄定位 35
知识储备 3 了解目标人群的喜好定位 37
【任务实施】 38
【任务巩固与案例分析】 40
项目 3 “互联网+”茶叶品牌塑造 42
任务 3.1 茶叶品牌的人格化设计 44
【任务目标】 44
【任务知识储备】 44
知识储备 1 认识茶叶品牌内容人格化 44
知识储备 2 了解茶叶品牌广告语人格化 46
知识储备 3 熟悉茶叶品牌包装 47
【任务实施】 49
【任务巩固与案例分析】 50
任务 3.2 茶叶品牌的文化建设 53
【任务目标】 53
【任务知识储备】 53
知识储备 1 挖掘茶叶品牌的地域文化 53
知识储备 2 梳理茶叶品牌的历史文化 55
知识储备 3 提炼茶叶品牌的人文文化 57
知识储备 4 塑造茶叶品牌的企业文化 58
【任务实施】 58
【任务巩固与案例分析】 60
任务 3.3 茶叶品牌的呈现效果 61
【任务目标】 61
【任务知识储备】 61
知识储备 1 了解茶叶品牌的图文呈现 61
知识储备 2 了解茶叶品牌的短视频呈现 62
【任务实施】 64
【任务巩固与案例分析】 65
项目 4 “互联网+”茶叶定价 69
任务 4.1 茶叶成本导向定价 69
【任务目标】 70
【任务知识储备】 70
知识储备 1 认识茶叶成本加成定价法 70
知识储备 2 了解茶叶目标收益定价法 71
知识储备 3 熟悉茶叶边际成本定价法 72
【任务实施】 73
【任务巩固与案例分析】 74
任务 4.2 茶叶需求导向定价 76
【任务目标】 76
【任务知识储备】 76
知识储备 1 了解茶叶价值认知定价法 76

知识储备 2　熟悉茶叶市场需求定价法 ...77
【任务实施】...79
【任务巩固与案例分析】...80
任务 4.3　茶叶生命周期导向定价 ...82
【任务目标】...82
【任务知识储备】...83
知识储备 1　认识茶叶新品定价 ...83
知识储备 2　了解茶叶成熟产品定价 ...84
知识储备 3　熟悉茶叶过季产品定价 ...85
【任务实施】...87
【任务巩固与案例分析】...88
项目 5　“互联网+”茶叶品牌传播 ...92
任务 5.1　茶叶的销量型品牌传播 ...93
【任务目标】...93
【任务知识储备】...93
知识储备 1　了解电商平台的茶叶销量提升 ...93
知识储备 2　熟悉借助茶叶电商的品牌传播方式 ...96
【任务实施】...97
【任务巩固与案例分析】...98
任务 5.2　茶叶的文化型品牌传播 ...100
【任务目标】...100
【任务知识储备】...101
知识储备 1　提炼茶文化的传播属性 ...101
知识储备 2　了解借助茶文化的品牌传播方式 ...102
【任务实施】...103
【任务巩固与案例分析】...104
任务 5.3　茶叶的口碑型品牌传播 ...105
【任务目标】...106
【任务知识储备】...106
知识储备 1　塑造茶叶品牌的口碑 ...106
知识储备 2　了解借助社交的茶叶品牌传播 ...107
【任务实施】...110
【任务巩固与案例分析】...111
项目 6　“互联网+”茶用户互动 ...114
任务 6.1　茶用户互动话题打造 ...115
【任务目标】...115
【任务知识储备】...115
知识储备 1　了解茶用户画像 ...115
知识储备 2　设计茶用户互动话题 ...123
【任务实施】...126
【任务巩固与案例分析】...127
任务 6.2　茶用户互动渠道选择 ...128
【任务目标】...128
【任务知识储备】...128
知识储备 1　认识茶用户的社群互动 ...128
知识储备 2　认识茶用户的微信互动 ...130
知识储备 3　认识茶用户的微博互动 ...132
知识储备 4　认识茶用户的直播互动 ...133
【任务实施】...135
【任务巩固与案例分析】...137

任务 6.3 茶用户互动活动策划 138

【任务目标】 138

【任务知识储备】 138

知识储备 1 策划茶用户线下互动活动 138

知识储备 2 策划茶用户线上互动活动 141

知识储备 3 策划茶用户促销活动 143

【任务实施】 144

【任务巩固与案例分析】 145

项目 7 "互联网+"茶叶营销案例剖析 149

任务 7.1 小罐茶营销案例剖析 149

【任务目标】 149

【任务知识储备】 149

【任务实施】 155

【任务巩固】 156

任务 7.2 安溪铁观音营销案例剖析 156

【任务目标】 157

【任务知识储备】 157

【任务实施】 160

【任务巩固】 161

任务 7.3 喜茶营销案例剖析 161

【任务目标】 161

【任务知识储备】 161

【任务实施】 164

【任务巩固】 165

附录 A 167

参考文献 169

项目 1 “互联网+”茶叶营销认知

通过对“互联网+”带来的新动力的探索，研究新环境下的营销理论，探究互联网时代的茶叶营销模式。本项目包含三个任务：一是互联网营销认知；二是茶叶营销认知；三是“互联网+”茶叶营销认知。

任务 1.1 互联网营销认知

【任务分析】

互联网营销也称为网络营销，是以国际互联网络为基础，利用数字化信息和网络媒体的交互性来实现营销目标的一种新型的市场营销方式。在认识互联网营销时，必然需要了解其概念、发展、特点和模式等。

【任务目标】

知识目标	1. 了解互联网营销的概念与发展 2. 了解互联网营销的特点与思维模式
技能目标	1. 能够简述互联网营销的各个发展阶段 2. 能够简述互联网营销五大模式
素质目标	1. 了解互联网营销，培养“互联网+”时代的职业价值观和职业道德素养 2. 培养爱国、守法、自立、自强的良好品德

【任务知识储备】

知识储备 1 认识互联网营销的概念

互联网营销也称为网络营销，是以国际互联网络为基础，利用数字化信息和网络媒体的交互性来实现营销目标的一种新型的市场营销方式。

根据运用范围，互联网营销一般有广义、狭义、整合、颠覆式 4 种分类。

互联网营销的同义词包括网上营销、网络营销、在线营销、网络行销等。这些词汇说的都是同一个意思，从广义上来讲，互联网营销就是利用一切网络进行的营销活动。

狭义的互联网营销是指组织或个人基于开放便捷的互联网络，对产品、服务所做的一系列经营活动，从而达到满足组织或个人需求目的的全过程。互联网营销是一种新型的商业营销模式，以互联网为手段来宣传产品、销售产品。

整合互联网营销是根据企业的现状、企业的目标客户群体、企业对品牌和销售的侧重，从各种网络营销方法中精心挑选并组合而成的一种网络营销方式。

整合互联网营销像是一个汇集了各种网络营销方法、产品、服务的大超市。网络营销方法主要包括网上调研营销、通用网址营销、网络黄页营销、搜索引擎营销、电商营销、邮件营销、论坛营销、社区营销、分类信息营销、呼叫广告营销、资源合作营销、网络体验营销、博客营销、威客营销、电子地图营销、电子杂志营销、网络视频营销、游戏置入式营销、3D 虚拟社区营销、网络会员制营销、手机短信营销等。

颠覆式互联网营销只是思维方式上的逆转，是与旧的逻辑方式和秩序相违背的思维方式，是一种反传统的，始终强调创新、改变格局，具有颠覆性、创新性意义的理论加实践的营销方式。其颠覆性主要体现在资源、优势、竞争、利润等方面。

2010 年爆发了“颠覆式互联网营销”模式。企业应跳出普通层面，以高端的商业策划为指导，突破常规网络营销方法，创造出独特、新颖、持久的颠覆式互联网营销方法，只有这样才能更好地实现网络营销效果。

知识储备 2　了解互联网营销的发展

1994 年 10 月 27 日，网络广告正式诞生，标志着网络营销时代正式开启。1995 年 7 月，全球著名的网上商店亚马逊正式成立，标志着线上销售业务的开始。在我国，互联网营销起步比较晚，1997 年是中国互联网营销的诞生年，中国互联网营销的发展历程可以分为四个阶段。

第一个阶段：互联网营销的筑梦阶段（1997 年之前）。

在 1997 年以前，中国已经有了互联网，但那个时候的互联网主要为政府单位、科研机构所使用，还未用于商业，直到 1996 年，中国企业才开始尝试使用互联网。那个时候互联网营销的特点是，互联网营销的概念和方法不明确，绝大多数企业对上网几乎一无所知，是否产生效果主要取决于偶然因素。

第二个阶段：互联网营销的萌芽阶段（1997—2000 年）。

1997—2000 年是我国互联网营销的萌芽阶段，随着互联网在企业中的广泛使用，电商呈现快速发展的趋势，越来越多的企业开始注重互联网营销。在这个阶段，越来越多的企业开始涉及互联网，电商也开始从神话向现实落实。到了 2000 年上半年，互联网泡沫的破灭，刺激了互联网营销的应用。

第三个阶段：互联网营销的应用和发展阶段（2001—2010 年）。

互联网营销服务市场初步形成，企业网站建设发展迅速，专业化程度越来越高；互联网广告形式不断创新，应用不断扩展；搜索引擎营销向更深层次发展，形成了基于自然检索的搜索引擎推广方式和付费搜索引擎广告等模式；网络论坛、博客、聊天工具、网络游戏等网络介质不断涌现和发展。

第四个阶段：互联网营销社交移动化阶段（2011 年至今）。

社交营销为主导方向，移动网络营销、微信公众号、微营销占据主导地位，博客、论坛等营销为辅的营销时代来临，“互联网+”、O2O 电商体系的冲击使营销业达到了更高的高度。

知识储备 3 熟悉互联网营销的特点与营销模式

随着互联网技术发展的成熟及联网成本的低廉，互联网像是“万能胶”，将企业、团体、组织及个人跨时空联结在一起，使它们之间的信息交换变得非常容易。市场营销中最重要也是最本质的是组织和个人之间进行信息传播和交换。

1. 互联网营销的特点

互联网营销的特点大致如下。

（1）时域性。营销的最终目的是占有市场份额，由于互联网能够超越时间约束和空间限制进行信息交换，使营销脱离时空限制变成可能，使企业有了更多的时间和更大的空间进行营销，可每周 7 天、每天 24 小时随时随地地提供全球性营销服务。

（2）富媒体。互联网可以传输多种媒体信息，如文字、声音、图像等，使为达成交易的信息交换能以多种形式进行，可以充分发挥营销人员的创造性和能动性。

（3）交互式。互联网可以通过展示商品图像、提供商品信息资料库，来实现供需互动与双向沟通，还可以进行产品测试与消费者满意调查等活动。互联网为产品联合设计、商品信息发布，以及各项技术服务提供了最佳工具。

（4）个性化。互联网促销是一对一的、理性的、消费者主导的、非强迫性的、循序渐进式的，而且是一种低成本与人性化的促销，避免了推销员强势推销的干扰。企业通过信息提供与交互式沟通，与消费者建立了长期良好的关系。

（5）成长性。互联网使用者数量快速增长并遍及全球，使用者多为年轻人，具有较高的受教育水平。这部分群体购买力强而且具有很强的市场影响力，因此极具开发潜力。

（6）整合性。互联网营销可从提供商品信息至收款、售后服务一气呵成，因此也是一种全程营销。另外，建议企业借助互联网将不同的传播营销活动进行统一设计规划和协调实施，以避免信息传播不一致产生的消极影响。

（7）超前性。互联网是一种功能强大的营销工具，它同时兼具渠道、促销、电子交易、互动顾客服务，以及市场信息分析与提供等多种功能。它所具备的一对一营销能力，正好符合定制营销与直复营销的未来趋势。

（8）高效性。计算机可储存大量的信息，代消费者查询，可传送的信息数量与精确度远远超过其他媒体，并能响应市场需求，及时更新产品或调整价格。

（9）经济性。通过互联网进行信息交换代替以前的实物交换，一方面，可以减少印刷与邮递成本，实现无店面销售、免交租金、节约水电与人工成本；另一方面，可以减少由迂回多次交换带来的损耗。

（10）技术性。网络营销大部分是通过网上工作者的一系列宣传、推广进行的，这其中的技术含量相对较低，对于客户来说是小成本、大产出的经营活动。

2. 互联网营销五大模式

互联网营销五大模式如表 1-1 所示。

表 1-1 互联网营销五大模式

模式	特点
体验营销	体验营销是指企业采用让目标顾客观摩、聆听、尝试、试用等方式，使其亲身体验企业提供的产品或服务，让顾客实际感知产品或服务的品质或性能，从而促使顾客认知并购买的一种营销方式
电商营销	电商营销是网络营销的一种，是借助互联网完成一系列营销环节，达到营销目标的过程
参与营销	参与营销即企业强化顾客参与，建立一种在互相尊重、相互信赖基础上的伙伴式合作关系，企业不仅要努力满足顾客需要，而且让顾客通过各个层面的参与，实现自己满足自己的需要
事件营销	事件营销是企业通过策划、组织和利用具有新闻价值、社会影响及名人效应的人物或事件，吸引媒体、社会团体和消费者的兴趣与关注，以求提高企业或产品的知名度、美誉度，树立良好品牌形象，并最终促成产品或服务销售目的的手段和方式
大数据营销	大数据营销是基于多平台的大量数据，依托于大数据技术，应用于互联网广告行业的营销方式。大数据营销的核心在于让网络广告在合适的时间，通过合适的载体，以合适的方式，投给合适的人

【任务实施】

步骤一：组建学习任务小组

教师根据学生的学号随机划分学习任务小组，每 5～6 人为一个小组，由小组成员自行选举小组长。

步骤二：任务流程

由小组长组织小组成员对如何完成本项目的学习任务"互联网营销认知"进行充分讨论，从互联网营销的概念、发展、特点等方面制订完成该学习任务的初步计划，同时小组成员之间做好任务分工。

（1）通过教师讲解和网上查阅资料，理解互联网营销的概念，并能够简单说明对互联网营销的认知。

（2）梳理互联网营销的发展，理解互联网营销发展的时间节点和各阶段的发展特征。

（3）整理互联网营销的特点，并熟悉互联网营销的五大模式，能够简述。

步骤三：为讲演介绍做准备

小组成员做好分工后开始搜集资料，或网上搜寻，或去图书馆翻书查阅，最后整理好文档，形成 PPT 或书面报告，小组成员依次上台讲演介绍。

步骤四：评价

小组成员完成市场调查和结果分析后，可以先进行自我评价和自我分析，然后由台下其他小组对其进行打分和评价，最后由教师简要点评并总结。评价内容、评价标准及各项目的分值见【任务评价】。

【任务评价】（见附录 A）

【任务巩固与案例分析】

一、任务巩固

简述互联网营销模式，并记录说明。

分析与提示：这个问题涉及的范围比较广，要求简要回答，你可以从体验营销、电商营销、参与营销、事件营销、大数据营销五个方面叙述。

二、案例分析

互联网营销时代逐步升级为社群营销时代，各大电商平台的流量有限，支持商家自己获取流量，成就了目前的社群时代。现阶段的社群时代以裂变模式为主，如小罐茶、暖芊茶等茶叶知名品牌在社群营销方面已经取得了比较好的成绩，这里给大家介绍一下暖芊茶裂变的5个步骤。

（1）获取。企业进行互联网营销需要先获取用户群体，简称种子。暖芊茶通过微信、微博、电商平台等获取种子后将其加入自己的圈子，如微信群、贴吧、QQ群等，让种子集中在一个环境里，暖芊茶称之为鱼塘。在鱼塘里，用户种子有一个共性，要么是产品需求，要么是心理需求等。

（2）激活。暖芊茶把种子集合在一个鱼塘中，需要激活用户需求。一种方式为硬广，直接往鱼塘丢广告，存活率低；另外一种方式为软广，在于慢慢渗透，存活率高。

（3）留存。获取种子不易，需要不断提供新鲜血液，不能让鱼塘变成一次性消费。暖芊茶会带动用户积极性，经常做些活动，制造一些话题，如时不时发一些红包、赠送一些免费礼品等。

（4）变现。当群内种子已构成一种朋友群的感觉时，暖芊茶总会适当推出自己提供的产品，适当给一些试用品给用户，然后让试用用户在群内分享产品的效果，这样可以快速达到产品销售的目的。

（5）裂变。一个长期的社群必然要进行裂变。暖芊茶在前面四点做好后，就可以开始裂变活动了。例如，暖芊茶规定，社群内的用户邀请对应客户，可获取免费产品。用户种子本来已跟你建立了朋友感情，再加上一点儿诱惑产品，许多用户会邀请其他客户。

暖芊茶不仅仅卖茶，更重要的是其初心、梦想符合消费者的利益，也符合整个供应链的利益，因为获得了各方的响应与支持，所以快速成为茶叶行业里的新星国潮品牌。

阅读了以上案例，谈一谈对互联网营销的认识。

任务 1.2　茶叶营销认知

【任务分析】

茶叶营销，即创造性地将茶叶卖出去。茶叶营销以茶叶产品为载体，在营销茶叶的同时传播茶文化，通过独特的茶文化加深茶叶产品的内涵。中国是有丰富茶叶资源和浓厚茶文化的国家，在现代化背景下，认识茶叶营销、传播茶文化是当代年轻人的责任和义务。

【任务目标】

知识目标	1. 了解茶叶营销的基本含义 2. 对茶文化有简单的认识
技能目标	1. 能够简单概括茶叶营销的概念 2. 能够简单叙述茶文化
素质目标	对互联网背景下的茶叶营销和茶文化传播有简单的认识，培养民族自豪感和责任感

【任务知识储备】

知识储备1 了解茶叶营销

茶叶营销，即茶叶产品的营销，是指地方政府和茶叶企业通过发现茶叶价值、创造茶叶价值、打造茶叶品牌并交付茶叶价值，以满足一定目标市场的需求，同时获取一定的利润回报。移动互联时代茶叶的消费特征具体如下。

1. 消费者重视茶叶的品质

随着经济的快速发展、国民收入水平的不断提高，消费升级是当下的大趋势，许多消费者对于低级别茶叶产品不太感兴趣。通过对电商平台茶叶产品销售数据进行分析可以发现，消费者对于高级别茶叶产品的购买数量明显高于低级别的茶叶产品。

2. 消费者年轻化趋势

根据2021年中国茶叶线上消费者年龄分布来看，26～40岁用户占比超过60%，其中31～40岁的用户占比最高，为37.60%，26～30岁用户占比为29.40%。此外，19～25岁用户也不在少数，占比为17.4%。可见，“90后”“80后”饮茶用户比例提升，饮茶年轻化趋势凸显，因此茶叶品牌可以借机推出适合当代互联网用户喜爱的茶叶产品。

3. 更加青睐名茶名企

中国茶叶的产地很多，而消费者所能知道的茶叶区域品牌产品相对较少。互联网平台中，消费者在搜寻茶叶产品的过程中会先查找知名的区域品牌，如中国“十大名茶”。区域品牌下的知名茶叶是消费者购买的主要对象，消费者对于大的企业信任度较高。

4. 茶叶产品的体验要求高

在快节奏的生活中，饮茶是一种自我放松的生活方式，年轻消费群体把饮茶视为一种小资的生活。因此，他们对于茶叶产品的消费体验更加重视，对于茶叶产品所带来的价值感受、情调体验要求不断提高。

5. 重视茶叶店的信誉

消费者在移动互联网平台购茶时，对于店家的信誉重视程度较高，由于消费者对茶叶的了解有限，其在网络平台购买茶叶看中的是店家的信誉度，其他消费者的评论是其购买茶叶的主要参考。

知识储备2 熟悉茶文化

1. 茶文化简介

茶文化意为在饮茶活动过程中形成的文化，包括茶道、茶德、茶精神、茶联、茶书、茶具、茶画、茶学、茶故事、茶艺等。茶文化的起源地为中国。中国是茶的故乡，中国人发现并利用茶，据说始于神农时代，少说也有 4700 多年了，直到现在还有以茶代礼的风俗。潮州工夫茶作为中国茶文化的古典流派，集中了中国茶道文化的精粹，作为中国茶道的代表入选国家级非物质文化遗产。日本的煎茶道、中国台湾地区的泡茶道都来源于中国广东潮州的工夫茶。

全世界有 100 多个国家和地区的人喜爱品茶，各国的茶文化各不相同，各有千秋。中国茶文化反映了中华民族悠久的文明。

茶文化包括茶叶品评技法、艺术操作手段的鉴赏、品茗美好环境的领略等整个品茶过程。其过程体现了形式和精神的统一，是饮茶活动过程中形成的文化现象。它起源久远，历史悠久，文化底蕴深厚，与宗教结缘。有的地方把饮茶品茗作为一种艺术享受来推广。中国人民历来就有"客来敬茶"的习惯，这充分反映出中华民族的文明和礼貌。

2. 茶文化营销

茶文化营销不是一个单纯的文化概念或营销传播概念，它是一个茶文化与营销的综合概念。茶带有非常明显的文化特征，而且各个国家和地区都有不同的文化特征，就中国而言，亦呈现出地区差异。南北方差异甚大，体现的文化特征也有所不同，但是追根溯源，中国的茶文化内涵是一脉相承的，从北宋苏轼的"从来佳茗似佳人"的名句可见一斑，此句所表达的是茶所给人带来的美好意境。就茶文化营销而言，茶所能带给人的意境，非茶水或特定茶叶所能概括，而是饮茶环境、茶具、手法等因素共同创造的一个"佳茗似佳人"的意境。因此，茶叶、茶具、茶盘、饮茶环境、泡茶方法等都是茶文化不可分割的一部分。

简言之，茶文化营销，即选茶、泡茶、品茶、观茶、赏茶等诸要素综合运用的营销概念。

鉴于此，还要提及营销本身的概念，它包含"营"和"销"两部分，是一个市场概念。营销是一种发现市场需求、满足市场需求的过程，也是在必要的条件下创造市场需求或提供一种新需求的营运概念。

茶文化营销和一般意义上的企业商品的营销相比，有自己的鲜明特征。茶文化营销是一种既有产品又要满足文化需求的综合概念营销，其要推广的是一个综合概念，包含有形茶叶产品和无形茶文化，这种营销在某种意义上来讲是文化特征的营销。茶叶产品包括茶叶、茶具、茶盘等；茶文化讲求的是一种方法、一种环境、一种启示。将这种方法、环境、启示与相应的茶和茶具配合作用下形成的茶文化推广出去，就是一种营销的开始，让大家接受并受到感染，便是营销的进一步效应。

【任务实施】

步骤一：组建学习任务小组

教师根据学生的学号随机划分学习任务小组，每 5～6 人为一个小组，由小组成员自行选举小组长。

步骤二：任务流程

由小组长组织小组成员对如何完成本项目的学习任务"茶叶营销认知"进行充分讨论，

从茶叶营销的含义和茶文化营销认知方面制订完成该学习任务的初步计划，同时小组成员之间做好任务分工。

（1）通过教师讲解和网上查阅资料，理解茶叶营销的含义，理解互联网时代茶叶营销的发展趋势。

（2）通过教师讲解和网上查阅资料，理解茶文化营销，能够简单说明茶文化营销的特征。

步骤三：为讲演介绍做准备

小组成员做好分工后开始搜集资料，或网上搜寻，或去图书馆翻书查阅，或实地探访茶叶企业经理，最后整理好文档，形成PPT或书面报告，小组成员依次上台讲演介绍。

步骤四：评价

小组成员完成市场调查和结果分析后，可以先进行自我评价和自我分析，然后由台下其他小组对其进行打分和评价，最后由教师简要点评并总结。评价内容、评价标准及各项目的分值见【任务评价】。

【任务评价】（见附录A）

【任务巩固与案例分析】

一、任务巩固

鉴于中国茶文化发展的悠久历史，简述一下茶文化与茶文化营销。

二、案例分析

（1）制茶的原始时期——生煮羹饮。茶最初是药。我国第一部药物学专著《神农本草经》将口传的茶的起源记载下来：“神农尝百草，一日遇七十二毒，得茶而解之。”3000年前，茶成为祭品。到了周代极重岁时祭祀，将茶作为祭品。《周礼·地官司徒》记载"掌茶"和"聚茶"以供丧事之用。至于食用方法，采集野生茶树的鲜叶，在锅中烹煮成羹汤而食，味道苦涩。

（2）制茶的起源时期——晒干收藏。从春秋到东汉，茶既是祭品，又是菜食。春秋时代，晏婴《晏子春秋》说："婴相齐景公时，食脱粟之饭，炙三弋五卵，茗菜而已。"茶叶作为蔬菜，与煮饭菜相同，没有特别的烹饮方法和器皿。

（3）制茶的发达时期——蒸青团茶到散茶，约 1000 年。东西两晋南北朝时期，制茶饮茶逐渐受到重视。在东晋，饮茶风气逐渐兴起。自宋至元约经 300 多年，先是从蒸青团茶改为蒸青散茶，保持茶叶原有的香味，然后改进为炒青散茶，利用干热发挥茶叶的馥郁美味，这是制茶工艺的重大改革。

（4）制茶的兴旺时期——从绿茶到各种茶类，约 500 多年。明代改煎茶为撮泡，紫砂壶应运而生。茶叶不仅涉及国家财政收入，还可以易军马、易粮食，对扩充军备也有一定影响。同时，为加强对边远地区的统治，设立茶官。这些都间接刺激了制茶技术的发展。

（5）制茶的机械化时期——清末至今，约 100 余年。清末以后，茶叶成为主要出口物资之一，也刺激了制茶技术的革新。

阅读完上面茶叶的发展历史，谈一谈茶叶营销的发展阶段与特点。

任务 1.3 "互联网+"茶叶营销认知内容

【任务分析】

随着网络信息技术的快速发展，"互联网+"大环境影响着整个茶叶行业。人们追求时间和效率，没有时间慢慢地品茶、购茶。因此，现代化营销模式——茶叶新零售模式应运而生，满足了人们多样化的需求。

【任务目标】

知识目标	1. 了解"互联网+"茶叶营销的转型——新零售模式及其特点 2. 了解新零售模式的转型特征与营销策略
技能目标	1. 能够简单分析"互联网+"背景下茶叶新零售模式的特性 2. 能够简单提出其营销策略
素质目标	1. 能够在"互联网+"背景下了解茶叶营销的基本情况，培养现代化茶叶营销思维，培养时代责任感与职业道德素养 2. 培养遵纪守法、积极奉献的情操

【任务知识储备】

知识储备1 了解“互联网+”茶叶营销思维

传统的购茶、品茶方式已经满足不了现代人的需求了，在互联网和电商的兴起下，一种新的营销模式诞生了——新零售。

1. “互联网+”茶叶营销的转型——新零售模式的崛起

何为新零售，新零售=线上服务+线下体验+现代物流。

在新零售时代，越来越多的传统零售行业开始向新零售行业靠拢。新零售不仅带来了商业模式的改变，还为线下实体店提供了更多的机遇。传统茶商顺应时代做转型，虽然不易，但与其说这是难题，不如说这是对传统茶商的一次挑战。

“茶叶+互联网+新零售”模式的内核在于线上渠道的拓展和线下门店的打造。这样一种新模式，既解决了传统茶商的销路问题，又为茶商打造品牌吸引更多消费者打下了基础。

不难发现，从线下延伸到线上，既顺应了时代的进步，又迎合了消费行为的改变。线上消费方便快捷，种类丰富，打破了地域限制，深受年轻消费者的青睐。

几乎所有传统行业都面临着互联网的冲击，当然，茶叶行业也不例外。互联网带来的冲击，促使着每一位传统茶商的转型。

2. 新零售模式的特点

（1）茶叶信息透明化。

互联网使世界越来越透明化，任何信息都能够追溯到。借助互联网，消费者获得信息的难度越来越低，如茶叶价格、品质、来源等在互联网上都能查到。所以，我们很难再站在专家角度向消费者兜售自己的经验。消费者的主观感受将在整个购买过程中起主导作用。

（2）茶叶购买渠道多元化。

以往，茶城是茶叶的重要交易场所，消费者想要买茶，更多地选择那些线下茶城。但是，随着互联网的发展，淘宝、新媒体、直播带货平台、垂直茶叶领域网站都成了消费者购买茶叶、下级茶商批发茶叶的渠道。

（3）竞争对手专业化。

过去，内部的茶商、茶叶企业之间的竞争是茶叶市场的主要竞争。互联网让行业门槛渐渐降低，一些业外人士也开始进入茶叶行业。例如，小米、网易等互联网巨头们，凭借其互联网的成功经验，在新销售市场及模式上占据了优势，它们具备大量的线上流量，正成为传统茶商新的竞争对手。又如，随着直播行业的兴起，一大批“网红”主播、短视频博主依靠自身的魅力和专业运作手段，以更低的获客成本抢占市场份额，同样成了传统茶商有力的竞争者。

“茶叶+互联网+新零售”的营销模式打破了传统茶商集中力量搞线下的局面，新模式的出现一方面解决了茶商们销路单一、获客困难的问题，另一方面线上宣传所带来的流量也为线下门店带来了客源，使线下门店重获生命力。

知识储备 2　认识"互联网+"茶叶营销模式

1."互联网+"茶叶营销——新零售模式转型

回看茶叶行业的零售领域，以批发模式为主的茶城、相对封闭的品牌零售连锁专卖依然是主流。未来 3 至 5 年内，渠道的转型升级或将是茶叶产业扩容爆发的重要驱动力。而茶叶行业渠道变革的方向一定是新零售模式。茶叶企业要紧跟潮流完成新零售转型，需要从以下五个方面入手。

（1）品牌改造：时尚化、国际化、IP 化。

根据 2015—2021 年中国茶叶线上消费者年龄分布可知，茶叶消费人群呈现年轻化趋势，他们的消费观念、消费场景、对茶的认知及风味口感的变化都将极大地左右茶叶行业的发展趋势。因此，茶叶品牌需要进行时尚化改造，来吸引年轻消费者的注意力。

茶圈依然有一种声音：中国七万家茶叶企业比不过一个立顿。中国茶企始终活在立顿 30 亿美元销售额的阴影中。但是，中国不仅茶叶产量世界第一，还有世界上最全的茶叶品种。我国茶叶虽然没有大品牌，但国际化道路是必然趋势，品牌改造应该向国际化看齐。

品牌 IP 化是茶品牌升级改造的一条道路。IP 的存在方式很多元化，可以是一个故事，也可以是一个形象。从广义层面看，有内容、有一定知名度和一定粉丝群的文化产品或文化产品碎片都是 IP。以品牌 IP 为核心，围绕 IP 打造产品、制造场景、营造氛围、塑造体验的门店比那些单纯销售的门店更有生命力。

（2）产品改造：标准化、商务化、轻奢化。

产品标准化不仅体现在预制包装形态上，还有种植、生产环节的标准化，运输、仓储环节的标准化，以及口感、风味等方面的标准化。

商务化趋势主要是指商务消费渐成主流。但需要说明的是，现在的商务消费更加理性。所以，业内提出了抢占商务茶"13 线、51 线"主流价格带的观点。"13 线"指的是 100～300 元/份的普通商务随手茶礼价格段；"51 线"则是指 500～1000 元/份的精英商务茶礼价格段。

茶叶消费的轻奢化趋势，体现在产品上就是要迎合年轻人的消费特征，开发更具性价比的产品。这里要强调的是，轻奢化并非奢侈化，而是在消费升级背景下的高性价比输出。年轻一代在消费过程中，更加看重产品的健康功能、便捷性、品牌共鸣等。

（3）模式改造：O2O 化、跨界化、大数据化。

茶叶连锁的营销模式要遵循新零售互联网思维，即线上线下一体化、跨界营销及大数据应用。O2O 或者升级后的 O&O，都预示着线上线下不再有界限。顾客不仅能在线上线下不同场景中购物，还能随时切换场景，更重要的是基于大数据实现智能消费。

（4）推广改造：口碑化、社群化、流行化。

茶叶连锁品牌的推广其实就是引客、留客、锁客。要想做到引客进店、留客消费、锁客升级，单靠做广告是不行的，连锁品牌必须有系统的推广手段做支撑。连锁品牌想要低成本引流，就要打造爆品，制造话题，用口碑传播引客上门。爆品不仅指实物产品，也指服务产品，总之是能产生流量的引流工具。例如，大益将大益茶庭和“吃茶去”App 相结合，将门店和移动导流平台进行连接，建立了流量汇聚入口。

（5）管理改造：扁平化、信息化、复合化。

连锁品牌最终都要拼管理，而制约中国茶叶连锁品牌的两大硬伤之一就是组织人才问题。茶叶连锁品牌要在组织上实现扁平化，管理上进行信息化改造，团队建设上从招商型团队向招商运营复合型团队转型。连锁管理模式一定是追求极致扁平化的过程，最好是总部直营，直接到店。如果无法达成，也要控制直营加盟比例，尽量减少中间环节，保证信息链、物流链、管理链的直接通畅。

2. “互联网+”茶叶营销策略——4P 营销策略

4P 营销策略如表 1-2 所示。

表 1-2 4P 营销策略

产品策略	以市场需求为导向优化产品组合。企业要以自身的经营和品牌定位为基准，以市场需求为导向，合理规划企业产品线组合和走向，加强市场调研和对产品的研发力度，根据各个细分市场的需求，不断开发新产品以满足不同细分市场的需求。同时，进行茶叶的深加工，拓展产品组合的宽度和深度，以塑造产品的魅力
价格策略	以品牌和产品线的规划为基准。企业要以市场需求和竞争者价格策略为导向，制定有效的定价机制，破除主观和随意的定价行为。根据品牌的影响力和不同产品线的质量标准，以市场需求为导向，根据竞争对手的定价策略，制定有效的高、中、低三个档次的产品定价策略，同时兼顾不同渠道的运营成本和渠道特性，采取一定的弹性定价机制，做到高档产品定价有利于提升品牌形象，中低档产品有利于提升市场占有率和利润水平
渠道策略	渠道建设要结合企业的自身资源、规模实力、品牌形象、产品特点等进行，选择适合的分销渠道层次和密度，使二者与企业的资源和产品相适应
品牌策略	对品牌进行战略规划，品牌的战略定位要长远，定位要面向广大市场。根据企业的实力，品牌建设可从区域市场资源、跨区域影响的第一步，逐步积累实力和市场影响力，再扩大品牌经营的区域。同时，应对品牌进行资本运营规划，寻求与有资本实力主体的结合，助推品牌战略的发展

【任务实施】

步骤一： 组建学习任务小组

教师根据学生的学号随机划分学习任务小组，每 5～6 人为一个小组，由小组成员自行选举小组长。

步骤二：任务分工

由小组长组织小组成员对如何完成本项目的学习任务“‘互联网+’茶叶营销认知”进行充分讨论，从茶叶新零售模式的特点、转型方向、4P 营销策略等方面制订完成该学习任务的初步计划，同时小组成员之间做好任务分工。

（1）“互联网+”茶叶营销的模式即新零售模式，通过查阅资料理解新零售模式的特点。

(2) 对比新零售模式与传统营销模式，理解新零售模式的转型方向。

(3) 根据 4P 营销策略，熟悉"互联网+"茶叶营销的基本策略。

步骤三：为讲演介绍做准备

小组成员做好分工后开始搜集资料，或网上搜寻，或去图书馆翻书查阅，或实地探访茶叶企业经理，最后整理好文档，形成 PPT 或书面报告，小组成员依次上台讲演介绍。

步骤四：评价

小组成员完成市场调查和结果分析后，可以先进行自我评价和自我分析，然后由台下其他小组对其进行打分和评价，最后由教师简要点评并总结。评价内容、评价标准及各项目的分值见【任务评价】。

【任务评价】（见附录 A）

【任务巩固与案例分析】

一、任务巩固

简单叙述"互联网+"茶叶营销的特征和营销策略，并举例说明。

分析与提示：这个问题涉及的范围比较广，要求简要回答，你可以结合某款茶叶产品或者某个茶叶店叙述，选择一两个角度进行详细分析。

二、案例分析

闽中茶网：“互联网+”茶叶电商创新营销模式

随着闽中茶网的开启，张先生一头扎进了福建各个茶山，并在自己的微信公众号上发布相关的寻茶故事与茶叶知识。关注他的茶友们从他的分享中增长了不少见识，一些有兴趣的茶友更是在第一时间下了订单。如今，像张先生这样的微商也越来越多，利用微信等新媒体与公众进行交流、互动已然成为茶叶电商创新营销模式，网上销售也已经成为茶叶销售的新渠道，一些茶叶企业还引入了众筹模式，这也不得不让人感叹，互联网思维正潜移默化地影响着越来越多的人。

构建专属的茶友圈。互联网思维的核心其实并不是“网”，而是“互联”。朋友圈发张美食照片，就可以让所有与自己有关系的人注意到，也会让几十个甚至上百个人回复。而对于闽中茶网来说，要想在线上打开销路，如何快速聚拢人气、打造一个具有黏性与忠诚度的圈子是关键的一步。找茶、学茶、喝茶……在张先生的“茶友汇”里，茶友们能了解到许多关于茶的内容。“我们尝试站在茶友的角度，提供给他们最想知道的东西、最感兴趣的内容。从新浪微博到微信公众号，结合微商城，展示更立体。我们希望即便是一位新手茶友，也能从中有所收获。”张先生说，做这个平台还是有自己的情结的，就是让原产地有代表性的茶被更多的茶友了解并消费，有市场这些产品才有生命力，茶农才有坚持的动力。现在已有 200 多位来自全国各地的茶友正跟着一块学茶、喝茶、买茶。实际上，如今微信上像这样的公众号也不在少数，不少茶叶企业也开始有意识地“聚粉”。闽中茶网、尤溪红、福建茶叶就经常分享一些关于茶的常识、品茶感受等，并定期组织各种主题品鉴会。“我们希望能通过这样的社交媒体，为茶友搭建一个沟通交流的平台，同时也希望能多听听来自茶友的声音，从而做出更好的茶叶产品。”

诚信才是一切的基础。在信息越来越透明的移动互联网中，最终走向的是一种“信任经济”，而这种信任经济将会加速人与人、人与商品之间的沟通。“信息越详细，客户对你就越信任。尤其是像茶叶这样的商品，闻不到、尝不了，就凭着网上的图片和文字介绍，怎么才能让客户愿意掏出钱来买茶?”从 2016 年开始，在三明经营一家茶叶店的张先生也尝试在微信朋友圈卖茶，一年来也卖出了不少茶叶。“我经常会在朋友圈里发到茶园采茶、制茶的照片，以及后续的包装照片。我就是要把每一个环节都展示在大家面前，让他们相信你卖的茶叶品质有保证。”“互联网社会下，信息越来越畅通，资源越来越透明，只有诚信经营才能长久。消费者肯定是想找诚信的商家，明白消费。所以，我一直坚持要亲自深入茶区，寻找各地有代表性的茶叶，详细记录种植、工艺，先让茶友了解茶叶、了解整个流程，然后由他们自己决定是否购买。”

张先生说，通过微信、微博销售茶叶，最大的优势就是直接，茶友忠诚度高。目前，消费者主要是 25～45 岁的茶友，也有不少对茶叶感兴趣的“90 后”，而且这个群体在不断增加。2017年年初，闽中茶网推出了一个金骏眉产品销售项目，并迅速获得支持，成功完成项目众筹。相关负责人表示，众筹不仅仅是卖茶，更多的是要用互联网思维全面改变自己的心态，与用户平等地沟通、分享、协作，进而从采摘、制茶到销售、物流、售后等环节，建立一个与用户实时连接的产业互联网价值链。

阅读完以上案例材料，关于"互联网+"茶叶营销，你受到了什么启发？

【素质园地：树立正确的网络价值观】

正确认知互联网，善用其利而规避其弊

随着互联网信息技术的不断发展，互联网的特点符合大学生的心理预期和心理特征，大学生逐渐成为网络时代的主力军。互联网的发展对大学生的思维方式、行为模式、心理发展、价值观念和政治倾向，甚至自我谋生能力等各方面产生了深远的影响。其中，网络经济不断发展，不少大学生选择利用网络经济创业成本低、营销方式新颖等特点进行自主创业，取得了不错的成果。

1. 利用微信、QQ盗号和网络游戏交易进行诈骗

首先，很多诈骗分子冒充微信、QQ好友借钱。诈骗分子利用自身的计算机知识和相应的黑客程序破解微信用户和QQ用户的密码，然后搜寻好友列表，向事主的微信和QQ好友借钱，大学生通常深信不疑，很少考虑核实好友的真实性。教师要引导大学生遇到这种情况一定要慎之又慎，摸清对方的真实身份。有一些诈骗分子通过冒充熟人进行网络视频诈骗，运用盗取图像的方式与被骗者进行视频聊天，大学生稍有不慎就可能掉入陷阱，在这种情况下大学生应该先和好友取得电话联系，防止被骗。

其次，利用网络游戏交易进行诈骗。计算机技术和网络技术的发展使网络游戏产业得到迅速的发展，这也给犯罪分子以可乘之机，近几年来利用网络游戏对大学生进行诈骗的案例屡见不鲜。大学生，尤其是大学男生大多对网络游戏很感兴趣，对游戏装备有着较高的要求，犯罪分子往往利用这一点进行诈骗，声称低价销售游戏装备和游戏币，在骗取了大学生玩家的信任之后引导玩家在线下银行为其付款，在大学生付款之后不是不履行承诺就是在网上消失不见，导致大学生损失钱财；另外，很多游戏论坛上有人发帖称自己可以提供代练服务，但是在大学生汇款并提供游戏账号之后，不仅不为其提供代练服务，还将账号一并侵吞，给大学生造成了严重的经济损失。

2. 网络购物诈骗

网络购物诈骗是指消费者在网上购买商品而发生的诈骗，主要表现形式有以下几种：一是多次汇款，骗子可能对大学生表达款项没有收到或汇款数额达到一定数目才能返还以前款项的说辞，大学生在没有防备的情况下，可能会多次被骗；二是提供假链接、假网页让大学生汇款，骗子在大学生购买商品的时候为其提供假的网页或链接让大学生付款，一旦付款就会被骗；三是拒绝安全支付方法，很多骗子都拒绝用第三方安全支付工具进行交

易，他们一般会谎称自己的账户最近出现故障，支付宝付款不可行或者不使用支付宝可以省去一笔手续费，以提供打折为诱饵引诱大学生上当；四是以次充好、以假乱真，很多大学生发现自己花费了高昂的价格在网上订购品牌产品之后，收到的是缺失、假冒、伪劣和低廉的山寨产品，事后犯罪分子往往拒绝提供任何售后服务，大学生投诉无门、叫苦不迭。

另外，目前很多微信群、QQ 群和高校校园板报上都有招聘兼职的广告，声称招聘刷单员或打字员，并许诺较高的时薪或月薪，很多大学生对此没有抵抗力，一股脑地投入进去，发现对方只是骗取入会费或垫付费，最终使自己的利益受到损害。笔者在工作的过程中遇到过很多这样的问题，尤其是那些家境不佳、想要通过自己的努力赚取生活费的大学生很容易上当。

3. 网上中奖诈骗

犯罪分子向微信、QQ 用户和淘宝用户等发布中奖信息，要求当事人去打指定的电话或去某网页中进行咨询和查证，并填写个人信息领取奖品，一些大学生信以为真，结果被盗取了个人信息，导致银行卡、支付宝中的钱财被盗走，最后才幡然醒悟。高校教师应该告诫大学生在遇到这样的信息的时候千万不要理会，无论内容多么诱人逼真，都不要相信，要认真对待，否则可能一步步落入陷阱之中。

项目 2 “互联网+”茶叶产品定位

八马茶业（全称：八马茶业股份有限公司）是中国茶叶连锁领先品牌。董事长王文礼为国家级非物质文化遗产项目乌龙茶制作技艺（铁观音制作技艺）代表性传承人。

茶叶市场方面，截至 2020 年 12 月 31 日，八马茶业全国连锁门店超 2000 家；经营方面，2018—2020 年，八马茶叶实现的营业收入分别为 7.19 亿元、10.23 亿元、12.47 亿元，归属于母公司所有者的净利润分别为 0.49 亿元、0.92 亿元和 1.16 亿元，主营业务毛利率分别为 53.69%、53.66%和 54.56%，说明八马茶业的发展态势良好，市场容量空间较大。

在互联网背景下，八马茶业于 2021 年 11 月 16 日顺利通过省级现代农业智慧园项目验收，标志着八马茶业正式成为实现种植—生产—仓储全产业链智能化的现代化茶叶企业，引领茶叶行业 5G 时代。八马茶业开辟线上渠道，已陆续入驻各大主流电商、购物平台，如京东、天猫等，并连续 7 年“双 11”蝉联天猫全网乌龙茶类目销量冠军，全渠道粉丝超 3000 万人，铁观音、陈皮茶、白茶、红茶等多品类茶叶销量持续综合领先。

中国作为茶叶的原产地，有着悠久的历史和深厚的茶文化底蕴，因此成为全球最大的茶叶生产国和消费国，国内竞争十分激烈。数据显示，2020 年中国茶叶农业产值已突破 2500 亿元，内销额接近 3000 亿元。故而，八马茶业的市场竞争环境激烈，只有不断研发出新产品，加强对茶叶产品品质的追求，才能在一众茶叶品牌中脱颖而出。

在细化市场定位方面，各大连锁专卖店开启定制模式，为消费者提供更加符合需求的各类茶叶产品。

在茶叶产品属性定位方面，八马茶业主要从事茶叶及相关产品的研发设计、标准输出及品牌零售业务，产品覆盖绿茶、白茶、黄茶、乌龙茶、红茶、黑茶、再加工茶等全品类茶叶，以及茶具、茶食品等相关产品。在茶叶产品价格定位方面，八马茶业有高端的明星产品——赛珍珠铁观音，还有连锁门店经营的各种中高端茶叶产品。高端产品赛珍珠铁观音，秉承铁观音十三代传承技艺，从传统铁观音古法中淬炼出传统铁观音制茶八道工艺，遵循二十四定律制作。中高端各类茶叶产品能够满足不同目标人群的需求。

在茶叶产品目标人群定位方面，八马茶业在全国布局六大茶类十大茗茶基地，将种植生产经验推广到中国各产茶区，以八马茶业的标准体系进行管控，使全国各地人群都能买到八马茶业的产品。其产品系列丰富，覆盖茶叶及茶具、茶食品等，不管是喜好原叶茶的中老年群体，还是追求时尚的年轻群体，不管是想要购买高端茶礼，还是想要散装个人饮用产品，需求都能得到满足。

“互联网+”背景下的茶叶产品定位即在“互联网+”市场中，准确定位茶叶的目标市场、产品特色和目标人群。本项目包含三个任务：一是茶叶的目标市场定位；二是茶叶的差异化定位；三是茶叶的目标人群定位。

任务 2.1　茶叶的目标市场定位

【任务分析】

每个产品在投入研发阶段，都需要进行市场调研，通过各种渠道收集信息，了解同类产品的市场容量、增长情况、竞争环境，了解产品是否需要针对多元化的市场进行更细的类目划分。通过对茶叶的市场容量、增长情况、竞争环境、细分市场等进行市场调研，可以帮助企业了解茶叶产品的市场规模、目标市场、产品定价等关键信息，明确自身的竞争定位，找到准确的发力方向，避免营销决策“踩坑”。

【任务目标】

知识目标	1．了解茶叶的市场供需和产业链情况 2．了解当前茶叶互联网市场的增长趋势 3．了解当前茶叶行业发展的挑战和机遇 4．了解当前茶叶市场细分的标准和意义
技能目标	1．能够简单分析茶叶市场情况，并针对当前的挑战和机遇提出营销思路 2．能够简单阐述茶叶市场细分的标准，明白茶叶市场细分的意义
素质目标	1．能够在“互联网+”背景下了解茶叶市场情况，培养“互联网+”时代的职业价值观 2．树立正确的财富观和价值观，自觉遵纪守法

【任务知识储备】

知识储备 1　分析茶叶的互联网市场容量

我国是茶叶大国，却不等于是茶叶强国。虽然茶叶企业数量众多，但是大多局限于区域，真正在国内外具有重要影响力的企业与品牌极少。当前，中国茶叶产业发展进入深度调整期，伴随着信息时代的到来，在数字化信息革命的浪潮影响下，传统企业都开始以互联网为基础，借助互联网思维重构自己、革新自己，茶叶行业当然也不例外。

1．茶叶市场供需情况

20 世纪 90 年代末，我国名优茶的迅速兴起，使国内茶叶市场的产品结构发生了根本性的改变：占 95%的大宗茶主导茶类结构变为名优茶占 60%的市场结构，我国茶叶市场的供给与需求弹性随之发生变化。名优茶成为市场的主导，茶叶的嗜好品特性使在消费者收入较低时，茶叶需求富有弹性；当消费者收入达到一定水平时，茶叶需求将缺乏弹性，因为消费者对茶叶的消费量是有限的。所以，茶叶需求弹性依茶叶类别、等级、消费者收入、地区偏好和饮料替代品的变化而不同。名优茶中的高档茶价格持续攀升，表明我国高档名优茶市场需求受价格影响较小，具有一定的刚性。从供给角度来看，茶叶价格上涨，激发了茶农的积极性，茶园面积迅速扩展，表明茶叶的供给弹性较大。而名优茶中的中、低档茶需求弹性比高档茶小，其供给弹性也比较小。目前，大宗茶除出口外，国内市场主要是边销市场及中低收入者市场，其国内销售量约占总销售量的40%，销售金额约占15%。除边销市场比较稳定外，农村市场有待进一步开发。

随着人民生活水平的不断提高，国内市场上名优茶、礼品茶的消费比重逐年增加，而且茶叶消费向品牌化、安全化、多元化方向发展，乌龙茶、普洱茶市场增幅明显，加之政府部门对中国传统茶文化的重视，在各地举办多种形式的茶叶生产技术推广和培训、茶文化宣传等活动，也有力地促进了国内茶叶消费市场的开拓和整体消费水平的提高。

2. 茶产业链概况

产业链方面，茶叶产业主要包括上游原料生产—中游加工制作—下游销售环节，如图2-1所示。同时，茶叶除直接饮用外，还可以深加工为奶茶、茶食品、茶保健品等。相比于日本而言，在深加工领域中国茶叶行业还处于初级阶段。

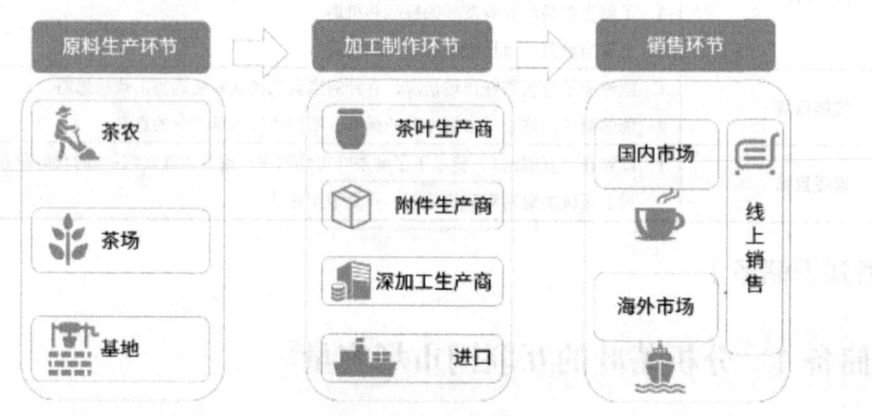

图2-1 茶产业链示意图

上游原料生产分析：中国茶叶在全球茶叶总供给中占据半壁江山，且比例持续提升。站在全球贸易的角度来看，我国茶叶产量全球占比维持在40%以上并持续提升，尽管我国茶叶产量领先全球，但是从茶园单产角度来看，我国茶叶供给效率具有很大提升空间。数据显示，2020年，全国18个主要产茶省（自治区、直辖市）茶园总面积为4747.69万亩（一亩≈666.67平方米），同比增加149.82万亩，增长率为3.26%。其中，可采摘面积为4152.18万亩，同比增加461.41万亩，增长率达12.50%。

中游加工制作分析：我国茶叶种类繁多，划分标准也不尽相同。按属性不同，可以划分为礼品茶、口粮茶及原料茶；按茶色不同，可以分为绿茶、白茶、黄茶、青茶（乌龙茶）红茶、黑茶六大类；按发酵程度不同，可以分为不发酵茶、半发酵茶和全发酵茶。

下游销售分析：我国茶饮料消费经历结构升级。随着新式茶饮体验的诞生，中国茶饮市场实现快速增长。茶类护肤品、保健品能够起到清洁、养生的作用，盈利更高。按零售消费价值计算，中国现制茶饮 2020 年的市场总规模约为 4107 亿元，预计到 2025 年复合年增长率为 24.5%。

知识储备 2 分析茶叶的互联网市场增长趋势

互联网经济是未来增长潜力最大的领域，而我国是生产茶叶和消费茶叶的大国，消费频率高，规模效应突出，行业前景巨大。

1. “互联网+”环境下的茶叶营销模式

便捷的信息化购物环境为茶叶企业营销带来了新活力。方便、快捷的购物优势让网络销售占据了消费市场的一定份额，具有渠道短、操作简单等特点，受到越来越多消费者的青睐。许多茶叶企业意识到网络营销的重要性，开始摩拳擦掌，进行有计划的开发和推广，及时转换营销方式，彰显茶叶行业新活力。

实惠快捷的网络销售为茶叶消费者带来了新选择。目前，茶叶网购已成热点并持续升温。一是针对消费者对茶叶价格的追求，茶叶企业紧跟时代节拍。消费者追求天然、健康、环保的意识逐渐增强，对茶叶这类保健饮品的需求量越来越大，消费群体更趋年轻化，2015 年“双 11”茶叶销售数据显示，18～29 岁的消费者占 43.25%，30～40 岁的消费者占 18.32%，两者合计占 61.57%。二是在目前的经济形势和网络普及度迅猛提高的背景下，网络销售以其相对低廉的价格、快捷方便的操作方式，满足了消费者对茶叶的需求，使消费者能够多渠道、多样化、便捷化地进行茶叶消费。这为有良好信誉的网店和茶叶线上商家提供了很好的成长环境。

茶叶企业可通过“茶叶+”发展复合型业态茶叶产业，复合型业态是指一个企业经营多种商业业态，而每一种业态分别适合于特定的目标市场，借助资源和要素合理配置及共享、生产合力效应的经营模式。茶叶产业是在茶叶生产的基础上，集高效农业、特色旅游业、绿色食品加工业及文化产业于一体的复合型产业。借鉴“互联网+”的发展模式，可以把“茶叶”分别“+种植业”“+食品加工业”“+金融业”“+旅游业”“+健康产业”“+文化产业”“+互联网”，就能分别延伸出生态茶业、茶食品加工业、茶金融业、茶旅游业、茶养生健康业、茶文化体验休闲业、茶叶电商平台和物流产业等，拓展出茶叶特色小镇和茶叶功能区的新增长点，提升新常态下的茶叶产业竞争力。

2. 茶叶电商渠道销售如火如荼

近年来，茶叶线下市场交易惨淡，但电商销售却如火如荼。其中，安溪茶叶电商的发展闻名全国，2015 年，安溪铁观音电商销售额达 24 亿元，茶叶电商的市场占有率上升至

30.18%。而且国内电商的兴盛发展带动了茶叶电商企业数量的增多，据有关数据显示，仅安溪一个县就有超过上万家的茶叶电商企业。目前，大部分交易都是在天猫、京东、当当等综合电商平台完成的，占到了整个电商交易规模的90%，垂直电商交易规模较小，只有不到10%。不过目前电商渠道占比不到10%，很多业内人士对于茶叶企业发展电商持谨慎态度，茶叶电商之路还很漫长。未来茶叶企业在发展电商的同时，还需要结合线下实体店，使线上线下融合发展。

实体店的缺陷很明显，覆盖的人群极为有限，而互联网覆盖的人群广泛，对于进一步发掘市场潜力有着重要意义。此外，"80后""90后"年轻人将成茶饮未来的消费主力，对于茶叶电商的接受程度会更高。当前茶叶电商的发展暂时不能令市场满意，路还很漫长，但总体而言未来前景依然向好。

3. 茶叶企业品牌意识崛起

近年来，茶叶企业的品牌意识开始增强，兴起如大益茶、小罐茶、中茶、澜沧古茶等茶叶国货品牌。但总体而言，中国的茶叶行业理念仍然相对落后，"茶二代"及新一代的茶叶经营者推动茶叶市场向集约化、品牌经济、电商经济等方向发展，有望开辟全新的茶叶市场格局。

随着茶叶企业的品牌意识崛起，全新的千亿市场格局正在打开。由高登商业与相关主管机构共同定于2020年5月7日—9日在上海虹桥国家会展中心召开的"2020上海国际地理标志茶叶和高端定制茶博览会"，以"助力茶叶地理标志保护，专注区域茶叶贸易与成交"为主题，充分践行进博会先行先试的举办精神和乡村振兴战略计划，为各国与各地茶叶企业开展贸易、加强合作开辟新渠道，以促进世界经济和中国茶业贸易共同繁荣。

知识储备3 分析茶叶的互联网市场竞争

我国茶叶产业发展目前总体仍呈现出"小散弱"的特点，品牌是软肋、市场是瓶颈，企业规模有限、综合实力偏弱是制约产业发展的主要因素。产业经济效益与规模基础不相符，与世界水平相比也有较大差距。

1. 茶叶行业发展挑战——三重失衡

质量失衡，低端供给过剩和中高端供给不足并存。在茶叶消费体量稳定增长的同时，茶叶内销均价已连续三年下降，这其中固然有理性消费的影响，但中高端供给未能跟上需求升级、引领增长的现象仍应引起行业警觉。近年来，中国居民消费偏好升级，优质产品备受青睐，需求更加多元化且注重品牌、文化、情感消费。传统的茶叶高价消费支出以礼品茶消费为主，但早在几年前就已呈现缓慢下降趋势，慢慢与市场新兴需求区分开来。新兴需求的出现显示我国茶叶应该重新分配各级别茶叶产出比例，以应对需求侧的结构变化，但实际上我国茶叶产出主要还是集中在低端茶和礼品茶上，供给侧和需求侧的差异导致我国低端供给过剩，中高端供给不足。在此过程中，茶叶市场的需求升级，导致茶叶消费新旧动能接续不畅，中高端供给不足，难以激发消费增长潜力。

区域失衡，产区消费普及度高，销区市场发展与创新相对滞后。尽管受到新媒体宣传，电商、物流业发展的影响，茶叶产品在全国的推广与销售均更加便捷，但空间区域上茶叶消费不均衡的现象仍未发生根本改变。据调查，茶叶企业按区域划分存在明显“东多西少，南多北少”的特点，样本企业在华东地区、华中地区、华南地区销售量最高；而在主销区域中，仅有华北地区销售量较高；西北地区和东北地区销售量均有很大的开发潜力，这也是茶叶消费市场整体趋势的折射。中国茶业百强企业调查样本分区域销售统计如图 2-2 所示。

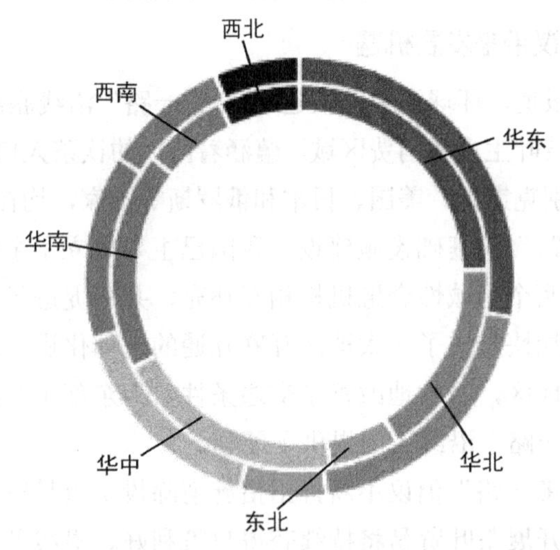

图 2-2　中国茶业百强企业调查样本分区域销售统计

群体失衡，传统经营模式难以满足年轻人的茶叶消费需求。关注行业热点便可知，茶叶产业对于年轻消费群体的引导是足够重视的，且已连续多年通过将茶文化教育根植入中小学等方式来培养未来消费群体。但从人口结构视角来看，各个年龄段消费者的偏好都有所不同，对于不同茶叶消费者差异化需求的满足才是关键所在。对此，不少传统茶叶企业在创新中体现出“不适应症”，从供给到宣传，多个方面适应市场变化的能力不足。

2. 茶叶行业发展机遇——三大转变

消费多元化成为产业发展新趋势。消费升级和人口红利的双重叠加，营造出了良好的产业成长氛围。从消费习惯来看，随着消费群体的进一步细分，消费多元化将成为茶叶产业发展的新趋势。茶叶天然、健康的特点及对茶文化的推广，使茶叶为越来越多的人所接受，茶叶的主要消费人群也从以中老年男性为主向各类人群扩散。不同类别的消费者对茶叶的消费需求也存在较大差异，由此衍生出多元化的新需求、新模式。

品牌内涵变得更加重要，符合消费者感知且独具特色的品牌将崭露头角。未来几年，茶叶行业品类强、品牌弱的问题还会长期存在，其中一个重要因素就是高度同质化和简单粗放的品牌建设思维。在对消费者的调研中，品牌成为消费者选购茶叶时的首要关注因素，消费者对于知名茶叶企业的品牌溢价接受度远远超过想象。另外，新的业务模式及跨界融合，将为茶叶企业带来更多的机会，茶叶"+互联网""+旅游""众商模式""私人定制"等新的业务模式和跨界融合将不断出现。

健康主题的消费需求日趋强烈。饮茶是一种有利于身体健康、可提高生活品质的习惯，符合现阶段消费者对健康和高品质生活的诉求。饮茶人群的增长带动了茶叶市场规模的扩张，促使茶叶企业扩大生产，使一些品牌认可度高的茶叶企业脱颖而出。人们对生活品质的要求越来越高，有机茶等类似的健康类食品必将进入千家万户；在食品安全丑闻不断爆出的今天，一些中高端人群更加需要健康的食品和绿色的食品。

3. "一带一路"倡议带来发展机遇

根据《浙江日报》报道，环球网转发报道："一带一路"沿线涵盖到全球44亿人口，这一区域是全球最重要的茶叶生产和消费区域，蕴涵着巨大的饮茶人口红利。中国茶叶出口金额较大的摩洛哥、乌兹别克斯坦、美国、日本和俄罗斯等国家，均在"一带一路"沿线。

为了支持"一带一路"的基础设施建设，我国已主导成立了金砖国家开发银行和亚洲基础设施投资银行，这两个区域性金融机构相互补充，共同促进了有关国家和地区的基础设施和互联互通建设，加快推进了亚太地区互联互通的一体化进程，尤其是地处内陆丝绸之路沿线的我国中西部地区，极大地改善了交通条件，为东部主要地区茶叶产品、人员进入中西部地区和"一带一路"沿线各国提供了便利。

随着国家围绕"一带一路"倡议不断推出措施消除投资贸易壁垒、提升通关便利化，在"一带一路"区域内开展茶叶贸易将持续获得政策利好。沿线各国签署合作备忘录，简化人民往来的签证手续，将极大地方便人员和茶叶产品出入，"一带一路"倡议是我国茶叶产业发展的战略机遇。

知识储备4　分析茶叶的细分市场

市场细分实际就是按照消费需求及购买行为的差异性，把某一产品或服务的整体市场划分为若干有相似需求的细分市场的一个过程。茶叶市场细分的标准一般可以分为地理环境、人口与社会经济状况、心理因素和购买行为等。

按地理环境细分。生活在不同地理环境下的消费者对茶叶的喜好与需求往往也是不尽相同的，同时对于茶叶的价格和广告促销等销售方法的反应也各不相同。在我国的华东与华南两个地区，由于相对湿润的气候，两地成为我国茶叶生产量最大的地区，年产量大约占全国产量的三分之二。这两个地区生产的茶叶品种也多种多样，并且品质各不相同。我国东北与华北地区的气候比较相近，两地的消费者多喜欢气味清香的花茶。长期生活在高原牧区的少数民族则喜欢饮用既方便储藏又能健胃消食的砖茶。

按人口与社会经济状况细分。消费者的年龄、性别、家庭规模、收入与职业，还有受教育的程度、民族、宗教信仰等是按人口与社会经济状况细分的因素。目前，中老年人是茶叶消费的主要群体，这是因为茶叶的保健功效深深吸引了中老年人，而且中老年人有一定的阅历，喜欢以茶会友，品茗茶也成了生活中不可缺少的一部分。而现代的年轻人也开始追求养生，男士通常对茶叶的消费量较大，注重提神和美容养颜的女士也逐渐有了饮茶的喜好。如果是家庭收入一般的消费者，他们对茶叶的品牌与包装等不太注重，他们更为注重的是茶叶的价格；而收入较高的消费者更注重的是茶叶的口感，他们品的茶大多价格较高，对各项要求也较高。

按心理因素细分。消费者的生活方式、个性、价值变动取向、购买动机等都是心理因素的细分标准。例如，消费者购买茶叶的心理动机有求实、仿效、慕名、成就、友谊心理等。茶叶企业如果能针对不同购买动机的消费者开发出一些组合的茶叶销售方案，从而满足消费者的心理需求，便能取得更好的效益。

按购买行为细分。消费者进入市场的程度、购买动机、使用动机、购买数量、购买喜好等是购买行为的细分因素。例如，按消费者进入市场的程度可以将消费者分为潜在性消费者、初次消费者和常规性消费者。将潜在性消费者转变为初次消费者，再进一步转变为常规性消费者是茶叶企业开发的一个进步，而留住常规性消费者更是企业需要注意的。

【任务实施】

步骤一：组建学习任务小组

教师根据学生的学号随机划分学习任务小组，每 5～6 人为一个小组，由小组成员自行选举小组长。

步骤二：任务流程

由小组长组织小组成员对如何完成本项目的学习任务“茶叶的目标市场定位”进行充分讨论，从茶叶市场容量、增长趋势、竞争环境和细分市场等方面制订完成该学习任务的初步计划，同时小组成员之间做好任务分工。

（1）网上查阅资料，了解互联网时代茶叶的市场容量。

（2）网上查阅资料，了解互联网时代茶叶市场的增长趋势。

（3）网上查阅资料，了解互联网时代茶叶市场的竞争情况，理解茶叶企业面临的机遇

和挑战。

(4)网上查阅资料，了解互联网时代茶叶的细分市场。

步骤三：为茶叶市场问卷调查做准备

(1)制定调查方向（茶叶目标市场），并选取调查对象。

(2)设置调查内容（问卷问题设置：对茶叶的了解、购买渠道、茶叶消费情况等）。

首先，明确调查目的。根据调查目的，研究调查内容、调查范围等，酝酿问卷的整体构思，将所需要的资料一一列出，确定调查地点、时间及调查对象。其次，要分析样本特征，即分析了解各类被调查对象的基本情况，以便针对其特征来准备问卷。

(3)发放问卷和收集问卷（问卷发放方式）。

(4)整理数据，呈现出结果，然后针对调查结果展开分析。

步骤四：评价

小组成员完成市场调查和结果分析后，可以先进行自我评价和自我分析，然后由台下其他小组对其进行打分和评价，最后由教师简要点评并总结。评价内容、评价标准及各项目的分值见【任务评价】。

【任务评价】（见附录A）

【任务巩固与案例分析】

一、任务巩固

1. 假设你负责红茶的市场调研，你要如何入手？

分析与提示：这个问题涉及的范围比较广，要求简要回答，你可以从红茶的营销现状、增长趋势、竞争环境等方面着手进行调研，选择一两个角度进行详细分析。

2．中国红茶种类众多，列举出其细分市场和著名品牌。请简要介绍一下。

分析与提示：国内红茶品牌很多，按地域因素如何划分茶叶市场（如安徽祁门—祁门工夫茶、云南省—滇红工夫茶、湖北宜昌—宜红工夫茶、杭州西湖—九曲红梅）？

二、案例分析

中国绿茶行业市场前景分析预测报告

从以下几个角度对绿茶行业的市场需求进行分析研究。

（1）市场规模：通过对过去连续五年中国市场绿茶行业消费规模及同比增速的分析，判断绿茶行业的市场潜力与成长性，并对未来五年的消费规模增长趋势做出预测。

（2）产品结构：从多个角度，对绿茶行业的产品进行分类，给出不同种类、不同档次、不同区域、不同应用领域的绿茶产品的消费规模及占比，并深入调研各类细分产品的市场容量、需求特征、主要竞争厂商等，有助于客户在整体上把握绿茶行业的产品结构及各类细分产品的市场需求。

（3）市场分布：从用户的地域分布和消费能力等角度，分析绿茶行业的市场分布情况，并对消费规模较大的重点区域市场进行深入调研，具体包括该地区的消费规模及占比、需求特征、需求趋势等。

（4）用户研究：通过对绿茶产品的用户群体进行划分，给出不同用户群体对绿茶产品的消费规模及占比，同时深入调研各类用户群体购买绿茶产品的购买力、价格敏感度、品牌偏好、采购渠道、采购频率等，分析各类用户群体对绿茶产品的关注因素及未满足的需求，并对未来几年各类用户群体对绿茶产品的消费规模及增长趋势做出预测，从而有助于绿茶厂商把握各类用户群体对绿茶产品的需求现状和需求趋势。

（5）竞争格局：本报告基于波特五力模型，从绿茶行业内现有竞争者的竞争能力、潜在竞争者的进入能力、替代品的替代能力、供应商的议价能力及下游用户的议价能力五个方面来分析绿茶行业的竞争格局。同时，通过对绿茶行业现有竞争者的调研，给出绿茶行业的企业市场份额指标，以此判断绿茶行业的市场集中度，同时根据市场份额和市场影响力对主流企业进行竞争群组划分，并分析各竞争群组的特征；此外，通过分析主流企业的战略动向、投资动态和新进入者的投资热度、市场进入策略等，来判断绿茶行业未来竞争格局的变化趋势。

通过阅读以上茶叶市场案例，对于茶叶市场定位分析，你受到了什么启发？

任务 2.2　茶叶的差异化定位

【任务分析】

通过对“互联网+”背景下茶叶差异化定位的分析，了解茶叶属性和价格方面的差异化定位。

【任务目标】

知识目标	1. 了解茶叶的属性差异，了解茶叶加工工艺的区别 2. 了解茶叶的价格差异，了解茶叶的定价特点
技能目标	1. 能够简单分析茶叶的属性差异，并确定某款茶叶的属性与饮用特点 2. 能够简单分析茶叶的价格差异，并考虑相关因素为某款茶叶确定合适的价格
素质目标	1. 能够在"互联网+"背景下了解国家的茶叶产业发展导向，培养符合新时代的人生观和价值观 2. 坚持以人为本，树立正确的人才观，培养爱岗敬业、乐于奉献的思想品质，培养现代化职业道德素养

【任务知识储备】

知识储备 1　了解茶叶属性的差异化定位

我国茶区广阔，茶叶资源丰富，从茶叶属性方面进行分类，可将茶叶分为绿茶、白茶、黄茶、青茶、红茶、黑茶六大茶类，这种分类方式的基础是茶叶的加工工艺。我国茶叶产品存在着很强的差异性，不仅表现在茶叶产品本身的特性差异，如茶叶外形、色泽、口感、质量等级等，还表现在茶叶的包装、品牌、服务及消费区域和消费人群等，因此我国茶叶产品差异化非常显著，导致市场细分及各类茶叶产品市场占有率不同。

1. 茶叶的属性差异

绿茶是中国的主要茶类之一，对茶的本质属性保持得最为完整，故绿茶的色泽和冲泡后的茶汤较多地保留了新鲜茶叶的绿色主调。绿茶是指采取茶树的新叶或芽，未经发酵，经杀青、整形、烘干等工艺而制作的饮品。

白茶属微发酵茶，是中国茶农创制的传统名茶，具有外形芽毫完整、满身披毫、毫香清鲜、汤色黄绿清澈、滋味清淡回甘的品质特点。这种茶是不经杀青或揉捻，只经过晒或文火干燥后加工的茶。因其成品茶多为芽头，满披白毫，如银似雪而得名。

黄茶属于轻发酵茶，加工工艺近似绿茶，色泽微黄。黄茶在干燥过程前或后，多了一道"闷黄"的工艺，促使其多酚叶绿素等物质部分氧化。黄茶的制作特点主要是在闷黄过程中，利用高温杀青破坏酶的活性，其后多酚物质的氧化作用则由湿热作用引起，并产生了一些有色物质。

青茶也就是通常所说的乌龙茶，品种较多，是中国六大茶类中独具鲜明中国特色的茶叶品类。它是介于红茶和绿茶之间的茶类，具有绿茶的清香和红茶的醇厚。青茶是经过采摘、萎凋、摇青、炒青、揉捻、烘焙等工序后制出的品质优异的茶类，绿叶红边，既有绿茶的清新，又有红茶的甜，品尝后齿颊留香、回味甘鲜。茶叶在晒、炒、焙加工之后，色泽乌黑，条索似鱼（比作龙）。

红茶是茶性被改造得最彻底的茶类。红茶属全发酵茶，是以适宜的茶树新芽为原料，经萎凋、揉捻（切）、发酵、干燥等一系列工艺过程精制而成的茶，茶汤大多呈红色。红茶的加工过程主要是萎凋、揉捻、发酵、烘焙、复焙几个步骤。发酵，俗称“发汗”，是最为重要的一个环节。

黑茶是后发酵茶，因成品茶的外观呈黑色，故得名。藏茶是黑茶的鼻祖，也称南路边茶，其制作工艺极为复杂，经过 32 种古法制成，而且由于持续发酵，极具收藏价值，它是古茶类中收藏价值最高的茶种。黑茶一般原料较粗老，加之制造过程中往往堆积发酵时间较长，因而叶色油黑或黑褐，故称黑茶。四川、云南、湖北、湖南、陕西、安徽等地是黑茶的主产区。

2. 茶叶的饮用特点

绿茶（西湖龙井、安吉白茶、洞庭碧螺春、六安瓜片等）性寒，适合体质偏热、胃火旺、精力充沛的人饮用，且汤色透彻，或水清茶绿，或浅黄透绿，天热、心躁之时品饮，给人以清凉爽新之感。

白茶（白毫银针、月光白、白牡丹等）性凉，适用人群和绿茶相似，但“绿茶的陈茶是草，白茶的陈茶是宝”，陈放的白茶有去邪扶正的功效。

黄茶（君山银针、蒙顶白芽、霍山黄芽等）性寒，功效也跟绿茶大致相似，不同的是口感，绿茶清爽，黄茶醇厚。

青茶即乌龙茶（大红袍、武夷水仙、凤凰单丛等）性平，适用人群最广。有不少好的乌龙茶，特别是陈放的乌龙茶，会出现令人愉悦的果酸。乌龙茶中的武夷岩茶，更是特点鲜明，味重，“令人释躁平矜，怡情悦性”。

红茶（正山小种、金骏眉、祁门工夫茶、滇红工夫茶等）性温，适合胃寒、手脚发凉、体弱、年龄偏大者饮用，加牛奶、蜂蜜口味更好。甜入脾经，具有补养气血、补充热能、解除疲劳、调和脾胃的作用。红茶汤色红艳明亮，情绪低沉之时最宜饮红茶。

黑茶（云南普洱茶、安华黑茶、广西六堡茶等）性温，能去油腻、解肉毒、降血脂，适当存放后再喝，口感和疗效更佳。黑茶五行属水，入肾经。脸黑无光泽、喉咙肿痛、食欲减退、下痢、背脚冰冷、腰痛、精力衰退者，饮此茶为好。黑茶汤色黑红艳亮，凉饮热饮皆可，亦可煮饮。

知识储备 2 了解茶叶价格的差异化定位

所谓价格定位，就是营销者把产品、服务的价格定在一个什么样的水平上，这个水平是与竞争者相比较而言的。价格差异化定位就是在营销过程中针对不同的市场给不同属性、品质、质量的产品确定不同的价格。

1. 茶叶价格的高中低端定位

（1）高端定位——高端茶礼。

对于每个行业来说，有市场就有需求，有消费人群就有供应要求，茶叶行业亦然。

随着消费观的改变，小众消费的形式逐渐壮大起来。对比大众消费市场，小众消费市场更讲究品牌效应，更加关注高端消费需求。更加专业化不仅是茶叶零售业专业细分的发展趋势，也是高端茶叶企业为摆脱低水平、同质化的竞争困境，形成差异化竞争的重要战略。

高端茶店的经营风格已经不再是简单陈列高价格的产品，而是转向努力成为高品质生活方式的引导者。除品质保证之外，价格也不会脱离消费者的消费水平。高端茶叶消费的转变，是人们对待生活的一种态度改观，也是茶生活品位上的一种提升。

（2）低端定位——茶饮料。

茶饮料是指用水浸泡茶叶，经抽提、过滤、澄清等工艺制成的茶汤或在茶汤中加入水、糖液、酸味剂、食用香精、果汁或植（谷）物抽提液等调制加工而成的饮品。

随着消费观念和生活方式的转变，茶饮料成为中国消费者最喜欢的饮料品类之一。尽管茶饮市场还处在"冰红茶时期"，即大部分还属于甜茶产品，但越来越多的低糖、无糖、代糖茶饮产品正变得越来越受欢迎，无糖茶饮料的增长速度整体高于含糖茶饮料的增长速度。具体来看，2014—2019年无糖茶饮料市场规模的年均复合增长率达到32.6%，而含糖茶饮料仅为3.0%。虽然无糖茶饮料目前的市场规模并不大，约为41亿元，但其迅猛的发展势头已引起各大厂商的注意。很多企业也顺应这个趋势，陆续推出无糖茶饮料。例如，银鹭的无糖茶饮料山云茶画，主打大红袍、正山小种、四季春三种口味；统一推出的无糖茶饮料茶霸也走了相似路线，推出乌龙茶、茉莉花茶和铁观音三个口味。未来，这种势头将持续，无糖茶饮料的市场份额将持续上升，至2024年预计达到12%。

健康、时尚是茶饮料吸引消费者的主要原因。天然、健康、回归自然已成为越来越多消费者健康生活方式的消费潮流，而茶饮料之所以发展迅速，正是因为它满足了消费者的这种需求，符合现代生活方式的要求。

（3）中端定位——大众消费主流。

如今，把高档茶作为随手礼的越来越少，社会风气也随之回归勤俭节约，人们的消费理念越来越理性。价格适中、包装适当的中档茶自然受到大众的普遍欢迎。

据市场调查发现，当前低、中、高档茶叶的价格从十几元到上千元不等，高档茶叶的市场行情走低，中、低档茶叶成为消费主力，价格也比前期有所上涨。另外，茶叶的消费群体开始转向年轻化，人们在选购时的喜好侧重点与前期不同，具有养颜明目等功效的茶叶更受年轻人的青睐。因此，茶叶企业要在市场上占据一席之地，则应重视对市场的把握，提高茶叶产品品质，发挥品牌效应，拓宽销售渠道等。

2. 茶叶定价机制

（1）茶叶市场特性。

茶叶对于一般消费者来说，与烟酒类似，是一种嗜好品，人们对它的消费取决于对它的效用了解、认可的程度。茶叶作为一种饮料，与咖啡、可乐、牛奶等竞争并具有一定的替代作用。此时，茶叶需求弹性较大，但必需程度不高，年人均茶叶消费水平也较低，此时的需求弹性大于 1，需求变化幅度很大。

在我国边疆少数民族地区，茶叶是生活必需品。由于气候环境、宗教信仰、饮食结构和生活习惯等方面的因素，人们的生活离不开茶叶，素有“宁可三日无粮，不可一日无茶”之说，茶叶成为人们的生活必需品，类似于粮、油、盐、肉等，需求弹性较小，必需程度高，茶叶年人均消费量很大，此时的需求弹性小于 1，需求相对稳定。

茶叶在消费时具有文化特性，这种特性赋予茶叶产品更深层次的意义和价值。例如，我国浙江杭州地区十八棵御茶，每年产量 2 斤左右，拍卖价达到 10 万元；我国杭州的西湖龙井，被评为国家礼品茶，每年春茶上市季节，一级西湖龙井市场售价为每斤 4000～5000 元，茶叶的售价已远远高于其生产成本。此时，茶叶被赋予了文化深意，使其价值提升，需求弹性变为无穷大。

（2）影响茶叶定价的因素。

品牌：如果一个知名品牌的新品上市，定价时就可以把品牌这一无形资产加到价格里；反过来，如果名不见经传，就要根据自身产品情况进行定价。

核心技术：产品的核心技术是企业最大的竞争资本，如果企业的核心技术始终领先，不能复制，产品就可以定为高价；如果核心技术并不是独有的或没有突出的优势，定价时就不要考虑技术价值。例如，如果茶叶是低咖啡因茶，可以打消很大一部分老年人怕喝多了茶影响睡眠的顾虑，或者茶叶是富硒茶，含硒量高，能补充人体的微量元素，这样低咖啡因与富硒就是产品的核心技术，定价时就可以考虑把技术附加值加进去。

行业地位：事实上，一家企业的行业地位和其产品价格有着重要的关系，市场的主导者可以更为主观地考虑产品的市场定价，行业追随者就要和主导者进行比较，而不是简单考虑自己的行业地位所体现的零售价是多少。

渠道模式：我国大多数茶叶企业要借用中间商的资源来完成茶叶的流通，因此定价不得不考虑分销通路中的各个资源要素。如果企业开发中间商，或者采用长渠道模式，就要先考虑每一级中间商的利润，再合理制定茶叶价格。但对于一部分自产自销的小农作坊来说，它们与企业之间就可能存在很大的价格差异，因为它们的中间环节特别少。

【任务实施】

步骤一： 组建学习任务小组

教师根据学生的学号随机划分学习任务小组，每 5～6 人为一个小组，由小组成员自行选举小组长。

步骤二：任务分工

由小组长组织小组成员对如何完成本项目的学习任务“茶叶的差异化定位”进行充分讨论，从茶叶属性和价格方面制订完成该学习任务的初步计划，同时小组成员之间做好任务分工。

（1）了解茶叶的属性差异，简单分析不同属性茶叶的特点和适宜饮用的人群。

（2）了解茶叶的定价差异，简单分析不同价位茶叶的特点和消费人群。

（3）分析影响茶叶定价的因素，理解茶叶产品的定价机制。

步骤三：为茶叶差异化定价的问卷调查做准备

（1）制定调查方向（茶叶价格），并选取调查对象。

（2）设置调查内容（被调查者信息、调查项目、调查者信息）。

根据调查目的，研究调查内容、调查范围等，酝酿问卷的整体构思，将所需要的资料一一列出，分析哪些是主要资料、哪些是次要资料，淘汰那些不需要的资料，再分析哪些资料需要通过问卷取得、需要向谁调查等，确定调查地点、时间及调查对象。其次，要分析样本特征，即分析了解各类被调查对象的基本情况，以便针对其特征来准备问卷。注意：问题要清楚、明确且具体，数量不可过多；避免使用引导性、暗示性、倾向性的文字。

（3）发放问卷和收集问卷（问卷发放方式）。

（4）整理数据，呈现出结果，然后针对调查结果展开分析。

对于茶叶企业来说，需要考虑生产某款茶叶的工艺技术、生产成本、销售渠道，市场同类型产品的定价和竞争等情况；对于消费者来说，需要考虑茶叶的功效、购买渠道、价位、茶叶用途等因素。针对不同的调查对象，设置问卷，扩大调查样本，收集数据，整理结果并分析。

步骤四：评价

小组成员呈现调查和分析结果后，可以先进行自我评价和自我分析，然后由台下其他小组对其进行打分和评价，最后由教师简要点评并总结。评价内容、评价标准及各项目的分值见【任务评价】。

【任务评价】（见附录 A）

【任务巩固与案例分析】

一、任务巩固

1．如何分析茶叶的属性差异？

分析与提示：在茶叶的属性差异下区分市场。

2．简单列举高中低端茶叶的销售方式及适宜人群。

分析与提示：从高端、中端、低端定位方面入手分析。

二、案例分析

茶叶市场分析机遇：普洱茶如何抓住品质化消费时代的机遇

在自然、健康、绿色成为消费时尚的今天，普洱茶的消费者也变得更加理性，消费观正在逐步向精品化、品质化消费转变，具体表现在下面几个方面。

（1）不盲目追求年份、山头、纯料等概念。普洱茶的收藏向来讲究山头，原本名山标签是茶叶品质的保障，然而如今名山茶不仅价格昂贵，而且由于人们的追捧和过度采摘，其品质也已名不副实；另外市场上出现了大量的仿冒名山茶的茶叶，不仅使消费者迷茫，也让市场陷入混乱。而年份、纯料等概念的炒作更是滋生了一大批“挂羊头、卖狗肉”的商家，仔细想想年份茶和所谓的古树纯料其产量库存本就有限，能高价买到货真价实的已属不易，更何况市场上那些大量流通的低价老茶和古树纯料茶呢？

（2）不迷信故事、不贪便宜买 9 块 9 包邮班章，更相信口碑和品牌。前几年，关于普洱茶的故事满天飞，普洱茶的价格也天差地别，上有几百万元一饼的老茶下有 9 块 9 包邮的老班章，市场一片乱象，而今天相信大家不会再去相信某些平台上那些 9 块 9 包邮的老班章了。与低价相比，如今消费者更相信口碑和品牌，对普洱茶的价值也有了更全面的认识，愿意为价值买单，理性消费。

普洱茶行业的品质化之路。普洱茶从最初无人问津的茶叶品种成长为现在备受欢迎的“可以喝的古董”，其发展速度令人惊叹。在普洱茶的知名度和影响力不断攀升的同时，其在近些年的发展也的确经历了不少波折。在经历了 2007 年的价格大崩盘之后，普洱茶市场经过几年的调整，于 2012 年左右又开始价格飞涨，普洱茶品牌呈井喷式增长，爆发了新一轮的热潮。直到 2014 年下半年，市场逐渐回归理性，进入调整期，以春茶发酵的熟茶为代表的精品熟茶崛起成为市场新宠。普洱茶行业的发展之路可谓大起大落，但整体还是逐渐趋于理性化。

品牌机遇在于持续提供高品质茶叶产品。普洱茶的消费群体正在不断扩大，企业只有把握好发展良机，紧跟市场动态，持续提供高品质茶叶产品，才能抓住机遇，赢得消费者。市场上做得比较好的茶叶企业，如润元昌，无论是春茶发酵的熟茶还是陈皮普洱都紧紧抓住了市场热点，从熟茶崛起到柑普茶热潮，润元昌持续推出精品产品，如大美之春、陈皮普洱等。在普洱茶全面品质化消费时代，茶叶企业想要获得发展就必须满足消费者理性化、品质化的消费观，高品质茶叶产品才是抓住消费者的唯一法门。

通过阅读以上普洱茶市场营销案例，关于茶叶属性和价格定位分析，你受到了什么启发？

任务 2.3　茶叶的目标人群定位

【任务分析】

通过对"互联网+"背景下茶叶目标人群的分析，了解茶叶目标人群在区域、年龄、喜好等方面的消费情况。

【任务目标】

知识目标	1．了解目标人群地域分布方面的特点 2．了解不同年龄阶段的人群购买茶叶的特点 3．了解不同喜好的人群购买茶叶的特点
技能目标	1．能够阐述茶叶在地域分布方面的属性和产地情况 2．能够阐述不同年龄阶段的人群在购买茶叶时的行为和习惯 3．能够阐述不同喜好的人群在购买茶叶时的行为和习惯
素质目标	1．践行以改革创新为核心的时代精神，探索"互联网+"背景下茶叶的目标人群定位，践行以人为本的职业服务精神 2．了解茶叶知识，提升人文素养

【任务知识储备】

知识储备 1　了解目标人群的区域定位

处于不同地理环境下的消费者，对于茶叶产品往往有着不同的喜好和需求，对价格、销售渠道和广告促销等的反应也有明显的区别。

1．茶叶种植区域分析

根据中国茶叶流通协会统计，我国共有 18 个主要产茶省（自治区、直辖市），由于我国主要茶叶种植地多集中于长江中下游地区，气候因素、行业景气度及规模经济效应等均会对茶园面积产生影响。2018 年，我国茶园种植面积 23 年来首次出现下降趋势，茶园种植面积下降到 4396 万亩。

2019 年，茶园种植面积恢复增长态势，并增长至 4598 万亩，较 2018 年同比增长 4.6%。

截至 2020 年全国 18 个主要产茶省（自治区、直辖市）茶园种植面积达 4747.69 万亩，同比增加约 149.69 万亩，累计增长 3.26%。

从经纬度上来看，东经 122° 的中国台湾地区东岸到东经 94° 的西藏自治区米林，北纬 18° 的海南省榆林到北纬 38° 的山东省蓬莱区域，都有茶树种植栽培，南北纬度跨越 20° 达到 2100 千米，东西经度跨越 28° 纵横 2600 千米。

从种植的具体省份来看，浙江、安徽、福建、江苏、江西、山东、河南、河北、湖南、湖北、海南、广东、广西、重庆、四川、贵州、陕西、云南、甘肃、西藏、新疆等 20 多个省份 1000 多个市县种茶。这里面既有海拔达到 2600 米的高山茶园，又有平均海拔为 200～300 米的低山丘陵和平地茶园。

截至 2021 年年底，全国茶园种植面积达到了 4896.09 万亩，同比增加 148.40 万亩，增幅为 3.13%。其中，可采摘面积为 4374.58 万亩，同比增加 228.40 万亩，增长率为 5.51%。可采摘面积超过 300 万亩的省份有 5 个，分别是云南、贵州、四川、湖北、福建。未开采面积超过 100 万亩的省份有 2 个，分别是四川、湖北。

2. 茶叶电商销售结构分析

下沉市场的潜力也在茶叶消费领域逐步释放。据相关机构对茶叶企业的调查，茶叶企业在地市级城市和县级及以下市场的内销均价均高于整体水平。随着物流业降本增效和数字化基础设施建设的完善，茶叶电商在下沉市场的发展更加迅速。与 2020 年相比，2021 年京东数据显示，茶叶销售在五、六线及以下城市快速崛起，由 2020 年的占比 3%攀升至 2021 年的 13%，涨势惊人，如图 2-3 所示。由于特征多元、体量巨大，下沉市场已经成为新品牌、新模式、新消费成长的新阵地。

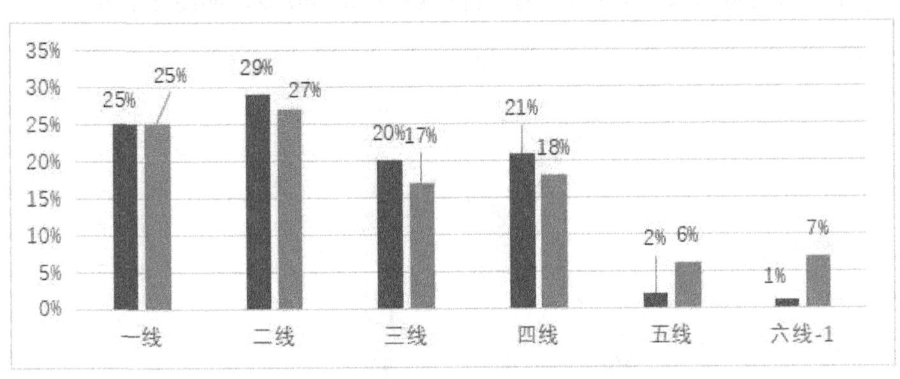

图 2-3　2020—2021 年电商平台茶叶消费者城市层级分布

知识储备 2　了解目标人群的年龄定位

随着经济和社会的发展，消费结构升级加快，加之“一带一路”倡议的实施，茶叶产业的发展迎来难得的机遇。目前，我国茶叶消费群体已经达到 4.9 亿人。从传统原叶茶的角度看，消费人群具有中老龄化特征，但新式茶饮消费者的年龄构成比例恰好与传统原叶茶相反。

1. 传统原叶茶——中老年人群

人到中老年，身体器官开始老化，需要用心呵护，才能保证身体健康，才能使寿命延长。茶是大自然恩赐给人类的绝佳圣饮，可以帮助肝、肾等进行有效排毒、去火，也可以帮助人们增强记忆。

自古茶就是人类养生的饮品。世界卫生组织调查认为，茶是中老年人的最佳饮品。茶叶含有丰富的维生素、蛋白质、脂肪，经常饮用可以调节生理功能，具有很好的保健作用。

人到中老年，更爱喝茶，中老年人喝茶的好处多：有助于抗氧化、有助于提神醒脑、有助于利尿解乏。

2. 新式茶饮——年轻人群

曾几何时，喝茶只是中老年人的一种习惯，年轻人偏爱的则是碳酸饮料、咖啡等时尚饮料，但这种习惯正在被逐渐打破，虽然还没成为茶叶的消费主力，但越来越多的年轻人群加入了这一消费潮流。如今，各大茶店和茶馆均出现许多年轻人的身影，喝茶带给年轻人忙里偷闲的惬意、味觉和嗅觉的醇香体验，以及作用于身体的健康功效。消费群体年轻化不仅拉动了消费，也使消费观念和口味有了明显改变。

从消费市场的发展看，新冠肺炎疫情使人们更注重健康，瓶装水、牛奶等被认为与健康、清洁、免疫提升等存在关联的产品得到快速发展。同时，新冠肺炎疫情促使茶叶产业线上线下加速融合，在线上，茶叶消费者年轻化趋势更加鲜明。京东平台数据显示：2020—2021 年，购买茶叶的用户群体中的主力人群年龄为 26～40 岁，如图 2-4 所示。

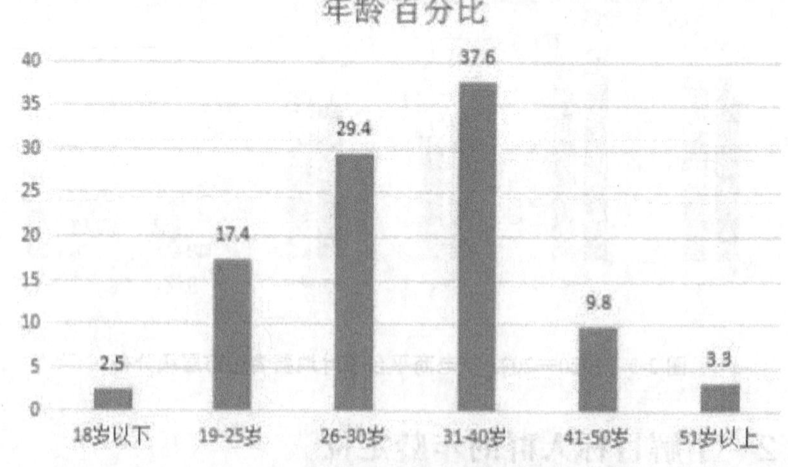

图 2-4　2020—2021 年电商平台茶叶消费者年龄分布

茶叶年轻消费群体的增长也得益于文化自信的增强，使国货品牌成为消费时尚，茶叶作为国货代表之一，也成为年轻人喜爱的产品。

知识储备 3 了解目标人群的喜好定位

1. 茶叶消费者的分类

随着茶叶市场竞争的加剧，茶叶企业、茶商应该更透彻了解市场的消费形态，并满足目标人群的需求。目前，中国茶叶市场主要有以下几类消费者。

（1）个人消费者。

个人消费者按消费心理和消费目的大致可分为时尚消费者、习惯消费者、家庭消费者和功能消费者。一般，年龄、收入、工作性质、生活习惯、居住城市等因素都会影响个人消费行为。

时尚消费者主要为城市青年，他们讲究情调、追赶时髦，受媒体广告的影响大；习惯消费者为爱茶一族，这些消费者有自己喜爱的茶叶品种或品牌，消费惯性强，较难改变；家庭消费者主要是指日常消费的普通家庭，俗话说，柴米油盐酱醋茶，由此可见茶叶是家庭日常生活中不可缺少的；功能消费者多为女性或老年人，如各种减肥茶、美容茶和保健茶等都是针对这类消费人群开发的产品。

（2）礼品消费者。

中国人传统的三大礼品是烟、酒、茶。在这三大礼品中，唯有茶是老少皆宜，且有益于健康的。因此，无论是在传统佳节还是在各种公关活动中，高档名茶都是消费者的首选。产品的外包装、知名度和销售场所是影响其购买的主要因素。高端茶叶品牌可以多挖掘此类客户。

（3）旅游消费者。

茶叶在中国长期以来被视为土特产，不同的地方盛产不同的茶叶，如西湖龙井、信阳毛尖、台湾乌龙茶、紫阳富硒茶等。到杭州旅游的人不会忘了买地道的西湖龙井，到闽北旅游的人也会带上一些武夷大红袍。游客的消费多为一次性消费。

（4）专业场所消费者。

专业场所是指以品茶为主要目的的茶楼、茶馆等。这些场所最能集中体现中国茶文化，是极品茶、高档茶的主要消费场所。作为中国茶叶消费的顶级层次，这个市场具有示范作用，应受到足够的重视。

2. 茶叶消费属性和价格偏好分析

作为茶叶的故乡，中国既是茶叶生产大国，又是茶叶消费大国。目前，中国茶叶产量结构稳定，绿茶产量远超其他茶叶品种。或因产量高，又或是受饮茶习惯等因素的影响，绿茶成为大部分中国消费者线上购买茶叶时的首选，2021 年占比达 71.9%。此外，不少消费者也喜欢在线上购买红茶、乌龙茶、花草茶、养生茶、白茶、黄茶等茶叶品类，占比分别为 60.8%、45.5%、43.6%、42.2%、23.7%、9.0%，如图 2-5 所示。

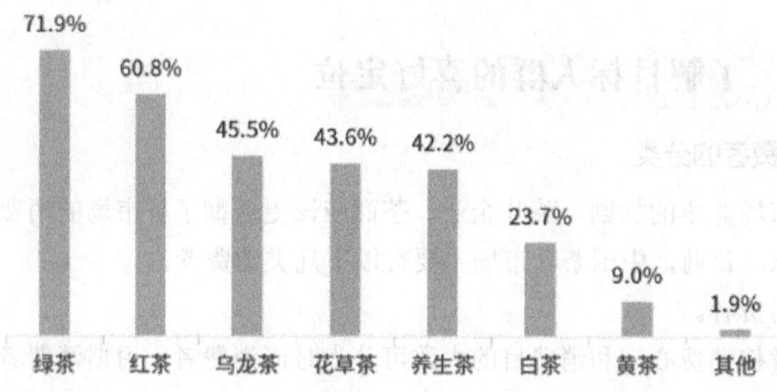

图 2-5　2021 年中国消费者线上购买茶叶品类偏好调查

令人欣喜的是，2015—2020 年，中国茶叶线上市场规模保持快速增长趋势。根据数据分析，伴随着中国数字产业经济的快速发展，中国茶叶市场也逐步走出实体经营模式，开启更适合当代消费者的线上销售模式。此外，社交媒体、短视频、直播新营销模式的发展，也推动了茶叶产业线上化。

2020 年，中国茶叶内销均价为 131.21 元/千克，同比降低 4.03 元/千克，减幅为 2.98%。从 2018 年开始，茶叶内销均价开始缓慢下降，并于 2020 年回降至 2017 年的水平，如图 2-6 所示。新冠肺炎疫情促使更多的消费者回归理性，消费市场呈现向下趋省、向上趋好的趋势，影响渗透茶叶市场，更加直观地展现在内销均价上。

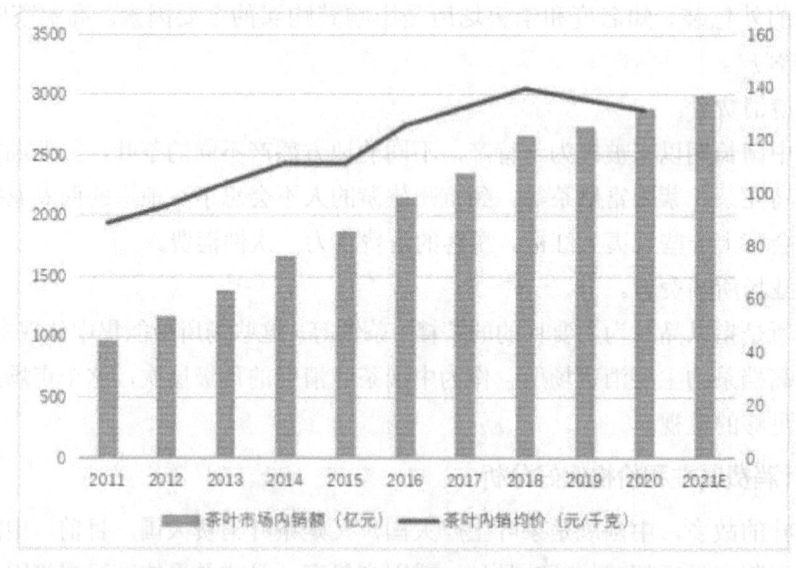

图 2-6　2011—2021 年中国茶叶内销总额及均价

【任务实施】

步骤一：　组建学习任务小组

教师根据学生的学号随机划分学习任务小组，每 5～6 人为一个小组，由小组成员自行选举小组长。

步骤二：任务流程

由小组长组织小组成员对如何完成本项目的学习任务“茶叶的目标人群定位”进行充分讨论，从茶叶目标人群的地域、年龄、喜好等方面制订完成该学习任务的初步计划，同时小组成员之间做好任务分工。

（1）了解茶叶的主要种植区域，理解电商模式下，茶叶营销的地域特点。

（2）了解茶叶消费人群的年龄特点，分析不同年龄阶段的人群的茶叶消费特点。

（3）了解茶叶消费人群的喜好，分析有不同喜好的人群的茶叶消费情况。

步骤三：为讲演介绍做准备

（1）制定调查方向（茶叶目标人群定位），并选取调查对象。

（2）设置调查内容（购买什么茶叶、购买用处、所处区域、年龄阶段、喜好品牌等）。

（3）发放问卷和收集问卷（问卷发放方式）。

（4）整理数据，呈现出结果，然后针对调查结果展开分析。

步骤四：评价

小组成员完成讲演任务后，可以先进行自我评价和自我分析，然后由台下其他小组对其进行打分和评价，最后由教师简要点评并总结。评价内容、评价标准及各项目的分值见【任务评价】。

【任务评价】（见附录A）

【任务巩固与案例分析】

一、任务巩固

1. 如何分析茶叶的目标人群？

分析与提示：从地域、年龄、喜好方面入手分析。

2. 简单分析袋泡茶是何如占据年轻人市场的。

分析与提示：从销售、包装、风格等方面分析。

二、案例分析

小罐茶的目标人群定位

创立伊始，小罐茶就确定了其产品多元化的战略。一开始从高端市场破局，推出了针对待客用茶场景的金罐；2019 年上半年，又针对主流消费人群自饮场景推出了多泡装；如今，在新消费时代背景下，小罐茶又瞄准了年轻消费群体的茶饮社交场景，特意打造了彩罐茶。

彩罐茶定位于"年轻人的首款入门级精品茶"，将目标对准了 18～30 岁的年轻群体，从一二线城市的大学生和白领人群辐射到三四线追求时尚、新鲜生活方式的小镇青年。彩罐茶的外形更潮、理念更酷，不仅有备受年轻人追捧的明星加持，产品也秉承着小罐茶一贯的产品逻辑，统一包装、统一价格、统一规格、统一品质，共享小罐茶整条产业链，让消费者能简单方便地买到、喝到好茶。

为了提供给年轻人一套系统性解决选茶、喝茶难题的方案，除了彩罐茶，小罐茶还研发定制了"极刻定时茶具"，将智能定时器与时尚茶壶创新结合。消费者可以根据彩罐茶底部的冲泡黄金时间表进行定时冲泡，只需轻轻转动定时按钮，就可轻松得到一杯好茶。

在设计方面，小罐茶邀请世界知名设计师神原秀夫创新研发出铝制小罐，打造高颜值、标准化产品。以彩罐 C 系列产品为例，其采用时尚炫丽的彩色罐体包装，更受年轻人青睐，一罐一泡的规格让不懂茶的"小白"也可以轻松上手。同时，彩罐茶充分洞察了年轻人的味觉审美，精选茉莉花茶、铁观音等高香、低涩的茶类，口感饱满香浓，帮助年轻人轻松入门饮茶。

从产品到技术再到设计，小罐茶将工业体系、美学、市场心理学都引入其中。这个脱胎于现代消费品思维的茶叶品牌，凭借着多方面对茶叶的重构和创新，上市后便迅速蹿红，刷新了大家对茶叶的认知。。

通过阅读以上小罐茶营销案例，关于茶叶的目标人群定位分析，你受到了什么启发？

【素质园地：消费价值决定商业价值，深化市场经济发展的未来之路】

以"消费价值为导向"来树立商业价值体系，让服务价值回到本源

常规的商业价值交换体系的排序：商品自身价值→自身获取利益的经济价值→合作商

互补价值→传播价值→品牌价值→消费价值→服务价值。而在互联网时代，企业想要获得市场的高度认同，实现可持续发展的前提就是，必须清醒地认识到产品（或服务）带给客户的服务价值和消费价值永远要摆在第一位，而合作商互补价值和自身获取利益的经济价值要放在整个商业价值链中的最后一位。只有认真对客户的需求、市场的需求、竞争的态势做出清晰的判断后，才能对自身的产品（或服务）及时做出调整，从原来的商品提供转向价值提供，包括产品价格、技术和服务价值、品牌价值，从而解决企业发展的问题。互联网时代的商业价值体系：发现新的需求→提供完美解决方案→推广→提供服务→维护良好的客户口碑。

1. 创造新的价值=创造客户

商业本身就是创造客户价值的战场，消费需求不是一成不变的，恰恰是人的不满足推动了整个社会文明的发展。如何在激烈的竞争中学会甄别客户的下一个期望，非常考量一个企业家的战略能力。因此，企业想要获得长足的发展，在竞争中脱颖而出，就要去发现客户新的需求，结合自身的资源优势为客户创造完善、独一无二的消费价值。

2. 树立良好的服务理念

把消费价值作为企业发展的动力之源，需要企业从业者在思想深处重树服务价值体系，树立以客户价值最大化的价值导向，并持之以恒地坚持下去，只有这样才能在实践过程中清醒地看到客户的需求、自身服务价值的不足、竞争服务价值的优势与劣势。

3. 把客户消费价值体验当作企业发展的命脉

无论是服务价值延伸还是广告宣传，最终评判其好坏的只有企业的客户，把客户消费价值体验当作企业发展的命脉是企业取得长足发展的原动力。一切的广告都是浮云，体验最真实，口碑最具生命力。

4. 把真实的消费价值当作品牌宣传价值的核心

再厉害的公司也不能妄想通过广告把不属实的消费价值在消费者心中建立起固态的价值认知。所以，在企业品牌战略规划前期，就应该树立“以传递真实的消费价值”为基础的核心观念。即使出现短暂的经济利益或竞争冲突也不能偏离这一核心，客户从广告接触到购买会对你所宣传的内容进行考核，如发现虚假的信息，则这个客户会成为负面推手，将负面信息传递下去。再多的广告费都无法挽回客户的口碑，口碑即品牌价值和市场生命力。

5. 以“创新消费价值为导向”的策略建立难以逾越的竞争壁垒

水能载舟亦能覆舟，消费者可以成就你，反之也能淘汰你。有需求的地方就有竞争，想要从竞争中脱颖而出引领行业发展没有捷径，只有埋头为客户源源不断地创造新的价值，才能让企业保持强劲动力，从而赢得客户的青睐。

项目 3 “互联网+”茶叶品牌塑造

竹叶青茶，中国名茶之一，属绿茶类，产于四川省峨眉山。竹叶青既是茶叶的品种，又是商标和公司名称，归属于四川省峨眉山竹叶青茶业有限公司。竹叶青的品牌形象如图 3-1 所示。

图 3-1　竹叶青的品牌形象

作为全球知名品牌形象设计大师，陈幼坚曾两次受邀主导竹叶青的品牌形象设计，据陈幼坚介绍，竹叶青品牌形象的设计理念来自品牌名字中的“竹”字。在中国传统文化中，“竹”象征君子，“竹”字设计不仅能投射出正直、高雅、纯洁、谦虚、有气节的君子形象，还充满生命力，能代表竹叶青的企业文化及品牌个性。

竹叶青是竹叶青茶业独家拥有的茶叶品类资源。企业及品牌形象设计以竹叶青独有的修长茶叶形态，拼凑成一个“竹”字，表现了产品属性及其专有特色。而 Logo 中圆形的线条代表品尝竹叶青时专用的透明玻璃茶杯。“竹”字浮在茶杯中，反映了竹叶青茶叶垂直浮在水中的状态，充分表现出一种休闲、平和的意境，不仅把竹叶青内敛的品牌个性流露了出来，还显现出了“平常心”的品牌理念。整个设计线条简约流畅，茶叶造型清雅修长，配以青绿色为品牌主色，一种品茶时闲适、舒服、自然的状态跃然于眼前。

广告语：平常心，竹叶青。竹叶青的这则广告语虽简简单单，但营造出的宁静淡雅的氛围，使茶文化的内涵迅速直达品茶之人的内心。这则广告语采用了拟人和对偶的修辞手法，前后字数、结构相同，对仗工整，给人以整齐之感。“平常心”的词句似乎将茶叶当成了一个人，饮茶者品着这样的茶叶，似乎冥冥之间在与茶叶对话。竹叶青茶是高端绿茶品牌，主要消费群体是高端商务人士，这类群体需要有一颗稳重、平和的“平常心”，而这则广告语正好传达出“喝竹叶青茶更能使心平常”的理念，所以这句广告语也正体现了竹叶青茶业的品牌诉求，既富有哲理内涵，又简洁生动。

包装：如图 3-2 所示，竹叶青茶业直接将品牌名称和标识排列在包装盒上，底色为青绿色，呈现出闲适自然的感觉。

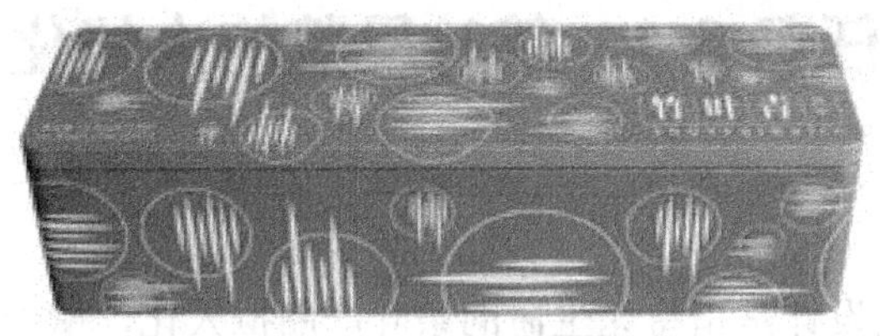

图 3-2　竹叶青茶业的包装

地域文化：竹叶青茶产于峨眉山。峨眉山山势巍峨，峰峦挺秀，林木苍翠，云海连绵。茶园主要分布在海拔 800~1200 米的清音阁、白龙洞、万年寺、黑水寺一带。

历史文化：竹叶青茶与佛教、道教有很深的渊源。茶之兴盛，随世而进。西汉末年，佛教传入中国。因为长时间的坐禅容易使僧徒们疲倦、困顿，而茶因有提神益思、生津止渴、消除疲劳等功效，成为最理想的饮料。峨眉山茶早在晋代就很有名气。佛文化中凝铸着深沉的茶文化，而佛教又为茶道提供了“梵我一如”的哲学思想，更深化了茶道的思想内涵，使茶道更具神韵。道家“天人合一”的思想是中国茶道的灵魂。品茶无我，我即清茗，清茗即我。高境界的茶事活动，是物我两忘的，一如庄周是蝶，蝶是庄周。而竹叶青茶正是这清茗之一。

人文文化：产自峨眉深山的竹叶青茶，既如同茶中的小家碧玉，又宛若绿茶中的君子，竹叶青茶是有灵气、有底蕴的绿茶，可谓是绿茶文化与禅意文化最佳的结合。竹叶青茶并非我国历史名茶，是近代峨眉山的特产，但胜在其清秀，色泽嫩绿，香气馥郁，所以备受欢迎。

企业文化：从夯实基础到创新发展，竹叶青茶业持之以恒地追求完美的产品品质，成了复兴中国传统茶文化的先驱。通过十余载的发展，竹叶青茶业用自身严苛精细的制茶工艺生产好茶，也提炼了自身特有的企业精神：平常心，其“心存高远、意守平常”的深刻内涵成了企业之本，也化作了制茶之道。

品牌呈现：竹叶青茶业一直以来的主题“平常心”深得消费者的认可。为了更好地与消费者连接，并保留竹叶青茶的区域个性，北京阳狮的团队为竹叶青茶业重新梳理了品牌沟通策略，根据当下的传播环境，从消费者心境入手，将虚飘的概念落地，给予“平常心”一个诠释——“历练，方得平常心”。在画面演绎上，北京阳狮通过一分钟的短片将竹叶青茶的产品特性灵活展现，引起了消费者的共鸣。

互联网视域下，茶叶的品牌塑造是指以茶叶产品为基础，针对市场消费者，对茶叶品牌进行人格化设计，宣传品牌文化，最后呈现出独一无二的品牌视觉效果。本项目有三个任务：一是茶叶品牌的人格化设计；二是茶叶品牌的文化建设；三是茶叶品牌的呈现效果。

任务 3.1　茶叶品牌的人格化设计

【任务分析】

茶叶品牌的人格化设计是指将无生命的茶叶产品拟人化，赋予它性格、情感、意念，在人们心中形成独特的品牌印象。

【任务目标】

知识目标	1. 认识茶叶品牌内容人格化 2. 了解茶叶品牌广告语人格化 3. 熟悉茶叶品牌包装
技能目标	1. 能够阐述茶叶品牌内容人格化的内容和意义，并掌握设计思路 2. 能够简述广告语的功能，并掌握茶叶品牌广告语人格化的设计要求 3. 能够说出茶叶品牌包装的原则和设计思路
素质目标	1. 了解茶叶品牌的相关信息，传承中华民族的茶文化 2. 传承和发展茶文化，理解茶叶品牌价值观

【任务知识储备】

知识储备 1　认识茶叶品牌内容人格化

品牌人格化是指将消费者对产品或服务各种特性的理解、看法转化成有人性的特征，识别现有品牌和人格之间的关系，并将新产品与人的个性特点相联系的做法。品牌人格化，简言之，就是赋予品牌人的情感，与人产生共鸣，拉近与人的关系。

茶叶品牌内容是制造商或经销商加在茶叶产品上的标志。它由名称、名词、符号、象征、设计或它们的组合构成。茶叶品牌内容一般包括两个部分：品牌名称和品牌标识。

1. 茶叶品牌内容人格化

（1）茶叶品牌名称人格化。

品牌名称是指品牌中可以用语言称呼的部分，像人的名字一样，是由一个字或一组文字所组成的——也就是说，其本身单独是无意义的，除非用在一段有指示性并可加以解释的文句当中。

茶叶品牌名称的设计要注意贴合茶叶产品，还要具有文艺性。

在设计茶叶品牌名称时，要使用高雅词汇。与茶经常联系在一起的词汇是品茗，而品茗二字常用于文人雅士，为此在给茶叶品牌取名的时候，可以将一些具有高雅内涵或高雅气息的字眼作为茶叶品牌名称，既符合品茶之人的倾向，又能让大众感受到品牌不凡的文化素养。同时，还要注意结合茶叶的特点来设计品牌名称。因为制作工艺的不同及自然环境的影响，不同的茶叶味道也是不同的，其实每种品牌的茶叶产品或多或少都有区别。所以，在给茶叶取名的时候，可以根据自家茶叶产品的特点取名，既有特点又有创意。

（2）茶叶品牌标识人格化。

融入传统茶文化。在融入传统茶文化时，一定要取其精华、去其糟粕，只有积极向上的传统文化才能够走得更远。茶文化本身就是我国传统文化的一部分，因此在设计茶叶品牌标识时，可以加入与传统茶文化有关的历史人物或历史故事。利用简洁的文字或图案将这些历史文化表现出来，既不会让茶叶品牌标识显得烦琐复杂，还能吸引茶叶爱好者的兴趣。

加入时尚潮流元素。茶叶品牌标识人格化不可缺少时尚潮流元素。对于年轻人来讲，可能更加追求时尚和潮流，而对于传统文化的印象不太深刻。如今喜爱喝茶的不仅有中年人和老年人，还有许多年轻人，所以为了扩大这部分市场，在茶叶品牌标识设计中加入时尚潮流元素是必须的。

现代与传统的协调、统一。饮茶是从古至今传承千年的习惯，茶叶品牌标识人格化需要兼具现代元素和传统茶文化元素。而现代元素与传统茶文化元素必然会产生碰撞，要想在品牌标识上涉及这两种元素。就必须让二者相互融合、协调统一，在色彩、体现形式、文字风格等方面，要做到一致，整体协调统一。

2. 茶叶品牌内容人格化的设计思路

茶叶品牌定位。品牌定位从通俗意义上讲就是确定产品在消费者心目中的位置。它需要结合产品本身的特性、市场情况，以及消费者的心理、文化、感情和精神需求而定。进行品牌定位的目的是通过一定的策略增强消费者对产品的认知，进而增加产品的美誉度，树立良好的品牌形象，增强品牌的核心竞争力。在进行品牌定位时，首先要考虑的是茶叶产品的目标消费者，明确茶叶产品的消费群体；其次要考虑的是消费者的感受，不同的茶叶具有不同的功能，消费者也是因为其特殊功能才产生消费欲望的，因此在进行品牌定位时，一定要对茶叶的功能准确定位。

茶叶品牌命名。品牌名称是品牌形象表现的急先锋，品牌定位准确后，必须要有准确恰当的名称才能突出品牌的核心理念。一个好的品牌名称能够很好地突出产品的特性，吸引消费者的注意。现在的茶叶品牌多是以区域或企业品牌命名的，如西湖龙井、信阳毛尖、洞庭碧螺春等，不仅很好地突出了区域的特点，还提高了整个区域的核心竞争力。

茶叶品牌内容设计。良好的品牌内容设计能够将品牌的内涵以更加直观、形象的方式表现出来，从而将无形的理念转化为有形的视觉表现。茶叶的品牌内容设计主要包括品牌的标识、颜色、文字。首先，每一个品牌都要设置一个既能传达品牌设计理念，又能引人注意的标识。其次，在进行茶叶品牌的颜色设计时，设计师要充分运用色彩的冷暖、轻重、软硬、空间和面积来表达品牌的主题或个性。最后，文字的表现形式多样，品牌设计的文字表达不在于多，而在于精。简短精悍的文字能起到画龙点睛的作用。

知识储备 2　了解茶叶品牌广告语人格化

广告语，又称广告词，是指通过各种传播媒体和招贴形式向公众介绍商品、文化、娱乐等服务内容的一种宣传用语。广告语是由蕴含着各种意思的文字组成的，是营销的工具和手段，营销功能被视为广告语与生俱来的本质功能。

1. 广告语的传播功能

广告是面向大众的一种传播。广告的效果从某种程度上决定了它是否成功。

营销离不开传播，传播功能是广告最基本的功能，广告通过信息的传播起到促进、劝服、增强、提示的作用。

广告语是广告的精华，是通向消费者心灵深处的尖端放射点。在现代传播媒体（如电视）中，广告语日趋简洁化，许多广告只有标题，没有正文，在这种情况下广告语就等于广告标题。国际广告大师奥格卫说："阅读广告标题的人是阅读广告正文的人的五倍。如果你创作的标题不能够吸引人，那么你就浪费了广告主百分之八十的费用。"广告语承担着引导消费者认知产品的任务。

2. 茶叶品牌广告语人格化的设计要求

茶叶品牌广告语要简明扼要。广告语应抓住重点、简明扼要，不简短就不便于重复、记忆和流传。广告语在形式上没有太多的要求，可以单句也可以对句。一般来说，茶叶品牌广告语的字数以 6～12 个字（词）为宜，一般不超过 12 个字。

茶叶品牌广告语要浅显易懂。茶叶品牌广告语须清楚简单、容易阅读、用字浅显，符合潮流，内容又不太抽象，使人们都能接受。茶叶品牌广告语应使用诉求对象熟悉的词汇和表达方式，句子流畅、语义明确，避免使用生词、新词、专业词汇、冷僻字词，以及容易产生歧义的字词，也不能玩文字游戏，勉强追求押韵。有些公司的广告语因浅白、贴近生活而流传甚广。例如，"时间给了茶味道"，既浅显易懂又十分亲切，立刻就给人一股底蕴深厚的感觉。

茶叶品牌广告语要朗朗上口。茶叶品牌广告语要流畅，适当讲究语音、语调、音韵搭配等，这样可读性强，能抓住受众的眼球和受众的心，许多广告语都是讲究押韵的。

茶叶品牌广告语要新颖独特。要选择最能为人们提供最新信息的茶叶品牌广告语，在"新"字上下功夫。茶叶品牌广告语的表现形式要独特，句势、表达方法要别出心裁，切忌抄袭硬套，可用适当的警句和双关语、歇后语等，迎合受众的好奇心，唤起心灵上的共鸣。但在追求独特的同时要注意选择恰当。

茶叶品牌广告语要主题突出。广告标题是广告正文的高度概括，它所概括的广告主体和信息必须鲜明集中，人们看到它就能理解茶叶品牌广告主要宣传的是什么。一条茶叶品牌广告语可以选择不同诉求点，即强调的特点不同，但总要突出某一方面的特点。

知识储备3 熟悉茶叶品牌包装

茶叶品牌包装就是为茶叶产品披上外衣，在与消费者接触的各类场合中，把茶叶产品的个性特征，以各种载体形式进行塑造和推广的行为。这是一个由内至外地诠释茶叶产品概念的过程，从包装物的形式、材料，到终端卖场的各类推广物品，形成对消费者周边环境的影响。

1. 茶叶品牌包装的原则

茶叶品牌包装是指针对茶叶品牌概念所做的整体包装，从茶叶品牌视觉形象系统、茶叶品牌文化传播、茶叶营销商业环境的设计等系列行为出发，从而塑造一个完整的体系。

因为茶叶产品需要让自身的优势尽可能多地传播给消费者，并且要超越自身价值，形成高附加值，从而使企业获得商业利润。茶叶品牌包装将茶叶产品的概念、定位与创新的思维结合，以特定的材料和形式形成对茶叶产品的装载，帮助茶叶产品提升价值。茶叶品牌包装除具有保护茶叶产品、方便携带和运输的作用之外，还具有传播茶叶产品个性特征的作用。

茶叶品牌包装需要围绕茶叶品牌的核心概念进行不同角度的延伸，从品牌传播语、色彩、材料、空间等角度，使消费者对接触到的茶叶品牌有一个全方位的感受。包装完整的产品在到达消费者手中之前，需要让消费者了解、认同并愿意为之付出金钱，这就需要我们对产品和品牌进行推广。

2. 茶叶品牌包装的设计思路

优秀的茶叶品牌，离不开好看的茶叶品牌包装。当消费者经过琳琅满目的货架前时，一款产品想要脱颖而出，必须第一眼就抓住他们的眼球。如此一来，只有那些外观"抢眼"的包装，才能打败货架上其他同类产品。纵观各大品牌优秀的茶叶产品，几乎都有一个好看的包装，而且包装所流淌出的生命力，也赋予了茶叶更丰富的滋味和意义。

（1）"看脸"的时代，高颜值产品令人心动。

视觉印象永远是顾客对事物的第一印象，因为产品外观好看而走红的品牌数不胜数，尤其在当下，产品包装的美学设计可以说是第一生产力。

在茶叶品牌包装设计上，高颜值的产品格外让人心动。就像茶红天下这款设计精巧的"朱雀国之红"，腾飞的朱雀尾部逐渐变成了叶子的形状，如图 3-3 所示，将品牌符号与茶叶相融合，设计独特且具有极强的艺术感染力。

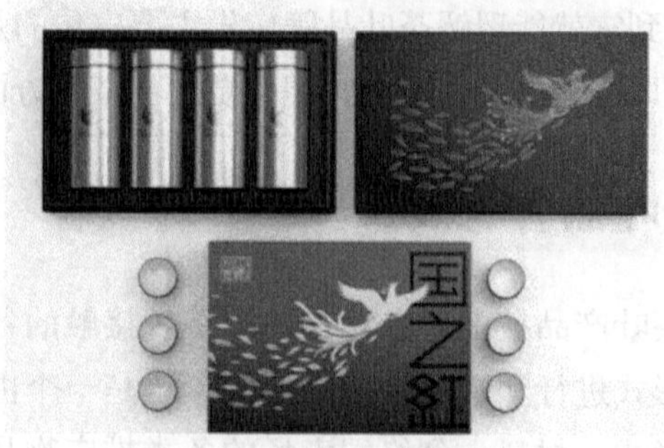

图 3-3　朱雀国之红

"国之红"三字配以枣红底色，色泽喜庆、尊贵而不轻浮，红色卡纸里面是质感极佳的黑色礼盒，镂空的朱雀图案让人感觉更加灵动，整体设计低调优雅又不失磅礴大气，陈列在茶叶店的货架上，一下子就能脱颖而出。

（2）快节奏生活，便捷易泡是时尚需求。

在快节奏的生活模式下，人们越来越没有耐心和时间慢慢泡茶、品茶，开始寻求更加便捷的饮茶方式。以往，人们喜欢传统工夫茶的冲泡，喜欢在沁人的茶香中慢慢品味生活；如今，传统的消费方式发生了改变，大家在上班、出差旅行或各种碎片化的时间里，也希望能喝上一杯好茶。因此，茶叶企业在布局新品时，除了要考虑外观，也要考虑如何包装才能更为便捷易泡。

参考茶红天下最新推出的小纨茶系列，全部都是独立的小袋装，如图 3-4 所示，即泡即饮，十分方便。以蓝色英伦风为例，一个礼盒中有三小盒，每小盒里面有 20 袋，每一袋都是恰好一次的分量，外出旅行携带起来也很方便。

图 3-4　小纨茶系列包装

此外，茶叶喝完之后，不管是里面的三个小盒子，还是外面的大盒子，都可以当成小饰品或其他小物件的收纳盒，可以说精准地满足了用户的延展性需求。

（3）消费者体验，独特的文化底蕴是灵魂。

产品的包装是品牌文化的体现，高端产品的包装更需要蕴含独特的文化底蕴，才可以艺术性地展现茶叶的品质，给消费者带来更好的体验。不同品牌的茶叶包装都有自己的特性，有些茶叶包装以历史文化为主，有些则以地域文化为主。如图 3-5 所示，把龙凤呈祥的图案设计到礼品茶的包装中，既有对北宋龙凤团茶的历史文化继承，又蕴含了人们对吉祥如意的美好生活的追求。

图 3-5 “龙凤团茶”包装

如图 3-6 所示，茶红天下经典红墙的包装设计，体现了中国传统文化，如图 3-6 所示。喜庆的中国红不仅与祁门红茶的意味相一致，在传统文化中还有尊贵、高级等含义。

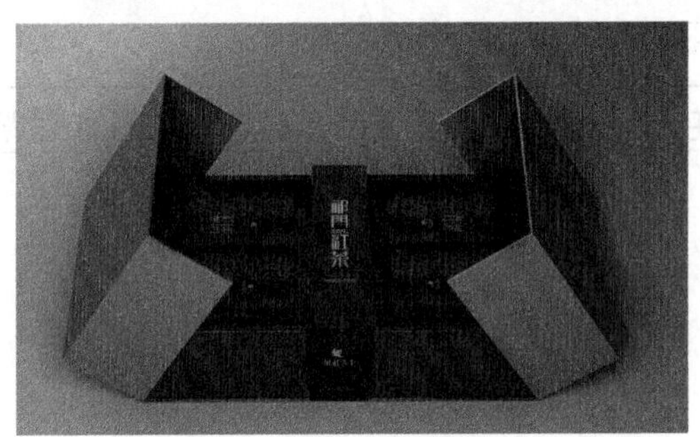

图 3-6 茶红天下包装

从烫金的标识，到极具特色的字体、磁吸式的双开门设计等，无不臻于完美。中国红与经典祁门红茶的自然契合，让茶红天下所蕴含的独特文化底蕴瞬间就活跃了起来，示范了什么是中国红茶中的标品。

当越来越多的人把喝茶变成生活的一部分，茶叶的包装愈来愈精美时，别忘了茶叶才是最本质的东西，一个好包装的前提是好品质，劣质品即使拥有再昂贵的包装，也会让人避之不及。

【任务实施】

步骤一：组建学习任务小组

教师根据学生的学号随机划分学习任务小组，每 5～6 人为一个小组，由小组成员自行选举小组长。

步骤二：任务分工

由小组长组织小组成员对如何完成本项目的学习任务“茶叶品牌的人格化设计”进行充分讨论，从茶叶品牌内容设计、广告语设计、包装设计等方面制订完成该学习任务的初步计划，同时小组成员之间做好任务分工。

（1）认识茶叶品牌内容人格化的内容，梳理茶叶品牌内容人格化的设计思路。

（2）认识广告语的功能，梳理茶叶品牌广告语人格化的设计要求。

（3）认识茶叶品牌包装的原则，梳理茶叶品牌包装的设计思路。

步骤三：为讲演介绍做准备

小组成员做好分工后开始搜集资料，或网上搜寻，或去图书馆翻书查阅，最后整理好文档，形成 PPT 或书面报告，小组成员依次上台讲演介绍。

步骤四：评价

小组成员完成讲演任务后，可以先进行自我评价和自我分析，然后由台下其他小组对其进行打分和评价，最后由教师简要点评并总结。评价内容、评价标准及各项目的分值见【任务评价】。

【任务评价】（见附录 A）

【任务巩固与案例分析】

一、任务巩固

1．假设你是一名茶叶品牌设计师，你要如何进行人格化设计？

分析与提示：这个问题涉及的范围比较广，你可以结合茶叶特点，从品牌内容、广告语、包装等方面着手进行设计，选择一两个角度详细说明设计灵感和思路。

2. 中国的茶叶品牌数不胜数，列举出你认为具有人格化的品牌，并简要介绍一下。

分析与提示：中国的茶叶品牌很多，选择你印象较深的茶叶品牌，简单说明设计意义。

二、案例分析

1. 下关沱茶

下关沱茶是云南茶中相当古老的制品，现代下关沱茶的形状创制于清光绪二十八年（1902），是由思茅区景谷县所谓“姑娘茶”（又叫私房茶）演变而成的，畅销省内外。下关沱茶曾被授予“云南省优质产品”“国家质量银质奖”“中国茶叶名牌”等荣誉称号。下关沱茶的品牌标识如图 3-7 所示。

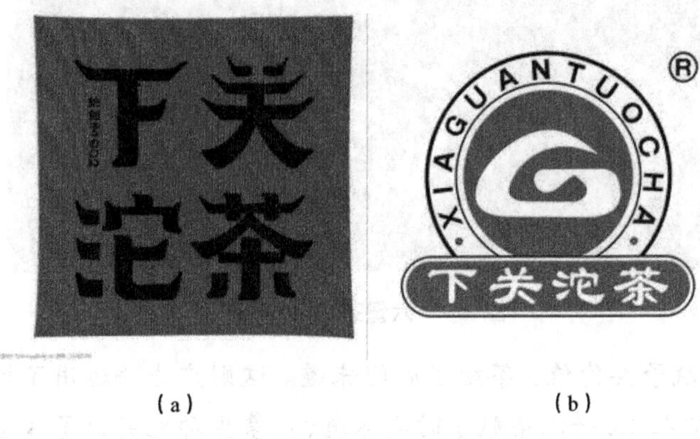

（a）　（b）

图 3-7　下关沱茶的品牌标识

下关沱茶的品牌标识中有符号、文字等元素，在变化中保留了传统文化的内涵，为公众所喜爱。

其广告语：大气明理，知己好茶。这则广告语使用了拟人的修辞手法，将下关沱茶拟人化，指明该茶像人一样“大气”“明理”，是人的“知己”，形象地突出了茶的特色，给受众以亲近之感。另外，“大气明理”首尾两字为“大理”，而大理正好是下关沱茶的产地，这样广告语就传递了产地信息，丰富了广告语的内涵。结构上，广告语采用的是四字短语，简明通俗。

下关沱茶的包装（见图 3-8）既体现了品牌标识，又具有新意，设计独特。

图 3-8　下关沱茶的包装

2. 茂圣六堡茶（六年陈茶）

六堡茶是广西所特有的名茶，属黑茶类，产于浔江、贺江、桂江、郁江、柳江及红水河两岸的山区，以梧州苍梧县六堡乡所产的最为著名，故称六堡茶。六堡茶素以“红、浓、陈、醇”四绝著称。其色泽黑褐，汤色红浓明亮，滋味醇厚，爽口回甘。《苍梧县志》（同治版本）有“……六堡，味厚，隔宿不变”的评价。

六堡茶的品牌标识（见图 3-9）上有茶壶形状的符号，有“茂圣”作为品牌名称，“六堡茶”在设计时也加入了茶叶的形状，整个品牌标识的背景是正红色，符号和文字则是黄色，用中国最传统的两色突出了茶叶的文化底蕴，也暗暗表现了六堡茶的悠久历史。

图 3-9 六堡茶的品牌标识

广告语：时间赋予茶价值，茶给了时间味道。这则广告语运用了拟人和通感的修辞手法，将茶和时间拟人化，并以茶赋予时间味道，形象生动地突出了六堡茶悠久的历史，并让受众对六堡茶的味道产生了浓厚的兴趣。这则广告语构思新颖，简单的几个字就传达出了六堡茶厚重的历史底蕴，富有内涵与深意。另外，时间无色、无味、无形，时间的味道实质上就是茶的味道，是茶让时间变得有滋有味。不说喝茶可以消磨时间，而说茶让时间有了味道，茶的作用就出来了，广告语的感染力、生动性、意趣也就出来了。

六堡茶的茶壶式包装（见图 3-10）暗含了六堡茶的品牌标识，环保材料的使用也是对生态环境的保护，包装很有新意，吸引了消费者的目光。

图 3-10 六堡茶的茶壶式包装

通过阅读以上两个茶叶品牌案例，关于茶叶品牌的人格化设计，你受到了什么启发？

任务 3.2 茶叶品牌的文化建设

【任务分析】

企业创建茶叶品牌，应从茶叶品牌的地域文化、历史文化、人文文化、企业文化四个方面赋予茶叶品牌独一无二的内涵。

【任务目标】

知识目标	1. 挖掘茶叶品牌的地域文化 2. 梳理茶叶品牌的历史文化 3. 提炼茶叶品牌的人文文化 4. 塑造茶叶品牌的企业文化
技能目标	1. 能够简单介绍地域标志茶叶产品的地域文化 2. 能够简单梳理茶文化历史 3. 能够简单提炼茶文化的社会功能 4. 能够理解茶叶企业的文化建设
素质目标	1. 了解茶叶品牌的文化建设，传承中华民族的茶文化 2. 发展茶文化，培养茶叶品牌的人文文化

【任务知识储备】

知识储备 1 挖掘茶叶品牌的地域文化

对我国种类众多的地域标志茶叶产品进行研究，挖掘利用其特色品质、自然生态、历史文化、人文艺术和精神等多种功能和多重价值，从以传统的大宗茶出口为主，到特色地域标志茶叶产品和茶文化输出并重，大力推进“互联网+地域标志茶叶产品+旅游”和“互联网+个性化定制”服务，对提升我国茶叶和茶文化的国际竞争力，促进我国茶叶和茶文化与国际接轨，增加茶农收入，改善茶乡自然和人文环境，展示我国经济社会发展成就等有着十分重要的作用。

1. 地域标志茶叶产品的内涵

地域标志茶叶产品是指产自特定地域，所具有的质量、声誉或其他特性本质上取决于该地域的自然因素和人文因素，经审核批准以地域名称进行命名的茶叶产品。

地域标志茶叶产品向消费者传递出这样的信号：茶叶产品具有某些独一无二的特色，而这种特色源于其地域的自然因素和人文因素。地域标志茶叶产品主要包括四方面构成要素。

（1）特定的生产地域。地域标志茶叶产品独特的品质与当地的自然资源，如生态、气候、土壤、当地茶树品种等相关联，只有在此特定的生产地域才有这种品质特色。

（2）特定的历史文化与生产技艺。地域标志茶叶产品独特的品质与当地的历史文化因素和生产技艺，如文化传统、生活习俗、实用知识和技能等相关联，有独特的生产技能和方法。

（3）独特的产品品质。地域标志茶叶产品的感官品质（色、香、味、形）或内在化学品质与其他产区的茶叶产品有着明显的不同。

（4）与其他茶叶产品区分开来的名称和声誉。地域标志茶叶产品独特的品质、生产技艺和消费体验等经过较长时间慢慢地融合到其名称之中，所形成的声誉是茶叶产品一笔珍贵的资产。可见，每一种地域标志茶叶产品在生产地域、历史文化与生产技艺、产品品质、茶叶名称和产品声誉等方面都有着丰富的基因密码，特色鲜明，与其他茶叶产品之间存在着显著的差异，是独一无二、不可复制的。因此，对地域标志茶叶产品基因密码的挖掘研究，不仅能增强茶叶产品的市场竞争力，增加经济收益，提升生产者的自豪感，还能满足消费者的物质、历史文化、艺术和精神等方面的消费需求。

2. 地域标志茶叶产品的品牌建设与传播

地域标志茶叶产品所具有的独特品质、声誉，以及根植于当地自然、文化与传统等多种功能和多重差异化的核心价值是我国茶叶全球化分享和传播的重点。

通过全球共享具有独特品质和声誉的茶叶产品，提升我国茶叶的国际美誉度和知名度。互联网时代为我国众多具有地域特色的茶叶产品的国际销售提供了契机，为全球喜欢中国茶叶的消费者提供了便捷通路，因此我国茶叶国际贸易发展战略是加快转变出口茶叶产品的贸易方式，由传统的大宗茶出口向极具地域特色的名优茶出口升级，大力发展茶叶国际电商，方便国际消费者购买，大力发展"互联网+个性化定制"服务，满足消费者的个性化需求。企业可以通过升级茶叶出口产品种类和提供个性化定制服务，进一步提升我国茶叶的国际美誉度和知名度。

通过地域特色茶叶产品的历史文化研究与传播，提升我国茶叶和茶文化的全球影响力。茶叶独特的品质和声誉源于产地茶农们的智慧和劳动成果。在长期的茶叶生产实践和历史演化过程中，茶农们培育出了适合当地土壤、气候的茶树品种，发展出独特的茶叶生产技能、实用知识和方法，生产出满足本地人口味和喜好的茶叶产品，创造出具有本地特色的茶叶饮用器具和品饮方法，形成了地域特色鲜明的茶叶历史与文化。企业可以通过研究与传播具有地域特色的茶文化，与国际茶叶、茶文化接轨，提升我国茶叶和茶文化的全球形象和影响力，从而带动中国文化在全球的传播。

通过美丽茶园和产地自然风光宣传，提升我国茶旅的国际化水平。茶叶独特的品质和声誉源于产区优美的自然生态环境，应当以地域标志茶叶产品和美丽茶园为载体，推进"互联网+地域标志茶叶产品+旅游"服务，整合茶乡美丽茶园、自然风光、地方特色美食和人文文化资源，大力发展茶旅游业，闻着茶香寻茶园，为全球爱好中国茶叶的消费者提供观光、体验、休闲和养生等服务。

通过地域标志茶叶产品品牌的建设与传播，提升地方的知名度和美誉度。具有独特品质和声誉的茶叶与产地的自然因素和人文因素相关联，应将地域标志茶叶产品品牌建设纳入地方社会经济发展规划，以地域标志茶叶产品、美丽茶园和人文文化为载体，带动当地其他产品贸易、文化交流和人员流动，促进地方社会经济全面发展。

总之，我们要建设具有地域标志的茶叶品牌，并取得良好的品牌传播效果，就必须研究我国种类众多地域标志茶叶产品的基因密码，挖掘利用其商品、文化、艺术和精神等多种功能和多重价值，从以传统的大宗茶出口为主，到特色地域标志茶叶产品和茶文化输出并重，大力推进“互联网+地域标志茶叶产品+旅游”和“互联网+个性化定制”服务，增加茶农收入，改善农村自然和人文环境，提升我国茶叶的国际竞争力；以地域标志茶叶产品和文化为载体，全方位展示我国社会经济发展成就，支持配合国家“一带一路”倡议的实施。

知识储备 2　梳理茶叶品牌的历史文化

中国人有“关门七件事”——柴、米、油、盐、酱、醋、茶。“茶”虽然被排在人们日常生活必需品的最后一位，但由于中国人“饭后一碗茶”的习惯由来已久，从而使它有着深远的历史和文化内涵。中国是茶叶的原产地和茶文化的发祥地，因此茶叶也陪伴中华民族走过了 5000 多年的历程。客来敬茶是中华民族的优良传统。

1. 茶叶的起源

在神农时代，古人们将茶的叶子煮着喝，把茶叶当成药。在西周、东周时期，古人们开始人工栽培茶树，将茶叶当作菜食。在秦代，茶叶开始被当茗饮、调煮、羹饮。在西汉时期，茶叶开始商业化，成都成为最早的茶叶集散中心。到唐宋时期，人们把茶叶制成茶饼，饮茶时先将茶饼敲碎、碾细，细筛后置于盏杯之中，再冲入沸水。之后饮茶之风大盛，并逐渐变成品茶。当时皇宫、寺院及文人雅士之间还盛行茶宴，气氛庄重，环境雅致，礼节严格，且必用贡茶或高级茶叶，取水于名泉、清泉，选用名贵茶具。明代之后直接在壶或盏中沏泡散茶，这样的饮茶方式简单且方便了。但随着时代的变迁，快节奏的生活使今天的人们饮用即冲即饮的速溶茶，大多数人只是在饮茶而不是品茶了。

2. 中国茶文化历史

很多书籍把茶叶的发现时间定为公元前 2737—2697 年，可追溯到三皇五帝时期。东汉华佗《食经》中的“苦茶久食，益意思”记录了茶叶的医学价值。西汉将茶叶的产地县命名为“茶陵”，即湖南的茶陵。到三国魏代，《广雅》中已记载了茶饼的制法和饮用方法，“荆巴间采叶作饼，叶老者，饼成以米膏出之”。茶以物质形式出现渗透至其他人文科学而形成茶文化。明代已出现蒸青、炒青、烘青等各种茶类，泡茶已改用撮泡法，不少文人雅士留有传世之作，如唐伯虎的《烹茶画卷》《品茶图》，文徵明的《惠山茶会记》《陆羽烹茶图》《品茶图》等。茶类增多，泡茶的技艺有别，茶具的款式、质地、花纹也千姿百态。到了清朝，茶叶出口已成为一种正式行业，茶书、茶事、茶诗不计其数。

随着文人饮茶之风的兴起，有关茶叶的诗词歌赋相继问世，茶叶已经脱离作为一般形态的饮食走入文化圈，具有一定的精神、社会作用。

（1）唐代茶文化的形成。

780 年，陆羽著《茶经》，这是唐代茶文化形成的标志。其概括了茶叶自然和人文科学的双重内容，探讨了饮茶艺术，把儒、道、佛三教融入饮茶中，首创了中国茶道精神。之后又出现大量茶书、茶诗，如《茶述》《煎茶水记》《采茶记》《十六汤品》等。唐代茶文化的形成与禅教的兴起有关，因茶有提神益思、生津止渴的功能，故寺庙崇尚饮茶，在寺院周围种植茶树，制定茶礼、设茶堂、选茶头，专呈茶事活动。在唐代形成的中国茶道分为宫廷茶道、寺院茶道、文人茶道。

（2）宋代茶文化的兴盛。

宋代茶叶产业有很大发展，推动了茶文化的发展。文人中出现了专业品茶社团，如由官员组成的"汤社"、由佛教徒组成的"千人社"等。宋太祖赵匡胤是位嗜茶之士，在宫廷中设立了茶事机关。此时，茶仪已成礼制，赐茶已成为皇帝笼络大臣、眷怀亲族的重要手段，还赐给国外使节。至于下层社会，有人迁徙，邻里要"献茶"，有客来，要敬"元宝茶"，订婚时要"下茶"，结婚时要"定茶"，同房时要"合茶"。民间斗茶风起，引起了采制烹点的一系列变化。

自元代以后，茶文化进入了曲折发展期。宋代人拓展了茶文化的社会层面和文化形式，使茶事兴旺，但茶艺走向繁复、琐碎、奢侈，失去了唐代茶文化深刻的思想内涵，过于精细的茶艺淹没了茶文化的精神，失去了其高洁深邃的本质。在朝廷、贵族、文人那里，喝茶成了"喝礼儿""喝气派""玩茶"。

元代蒙古人入主中原，标志着中华民族全面融合的步伐大大加快。一方面，北方少数民族虽喜欢茶，但主要是出于生活、生理上的需要，在文化上对品茶煮茗之事兴趣不大；另一方面，汉人面对故国破碎，异族压迫，也无心再以茶事表现自己的风流倜傥，而希望通过饮茶表现自己的情操，磨砺自己的意志。这两股不同的思想潮流，在茶文化中融合后，促进了茶艺向简约、返璞归真的方向发展。明代中叶以前，汉人有感于前代民族举亡，本朝一开国便国事艰难，于是仍怀砺节之志。茶文化仍承元代之势，表现为茶艺简约化，茶文化精髓与自然契合，以茶表现自己的苦节。

（3）现代茶文化。

中华人民共和国成立后，我国茶叶从 1949 年的年产 7500 吨发展到 1998 年的 60 余万吨。茶叶产幅的大量增加为我国茶文化的发展提供了坚实的基础。1982 年，杭州成立了第一个以弘扬茶文化为宗旨的社会团体——茶人之家，1983 年湖北成立陆羽茶文化研究会，1990 年中华茶人联谊会在北京成立，1993 年中国国际茶文化研究会在浙江成立，1991 年中国茶叶博物馆在杭州正式开放，1998 年中国国际和平茶文化交流馆建成。随着茶文化的兴起，各地茶艺馆越办越多。国际茶文化研讨会已召开多次，吸引了日、韩、美等国纷纷参加。各省、各市及主产茶县纷纷主办茶叶节，如福建武夷市的岩茶节、云南的普洱茶节，浙江新昌及泰顺、湖北英山、河南信阳的茶叶节也不胜枚举，促进了经济贸易的发展。

知识储备 3 提炼茶叶品牌的人文文化

"天行健，君子以自强不息；地势坤，君子以厚德载物。""自强不息"和"厚德载物"同为中华民族的传统精神，相辅相成。人既需激烈、昂奋、粗犷、豪放的阳刚之禀赋，又需平和、寂静、清悠、素俭的阴柔之素质，阴阳共济，刚韧并存，有助于健全人格之养成。酒性为阳，饮酒助豪情；茶性为阴，品茶添清雅。一侠一隐，一个热烈，一个冷静，故茶对人性的完善有其独特的价值。

1. 饮茶与养生

中华医药学是一个丰富的宝库。茶作为药用的由来悠久。古籍中有不少记载，如《本草纲目》《药书》《华佗食论》《茶谱》等都记载了茶的止渴、提神、消食、利尿、治喘、去痰、明目益思、除痰去疾、消炎解毒、益寿延年等功效。唐代大医药学家陈藏器在《本草拾遗》中称："诸药为各病之药，茶为万病之药。"几乎神化了茶的药用价值。

随着现代茶叶生物化学的深入研究，已分离和鉴定茶叶已知化合物共 500 多种，并经过多种实验和临床证明，茶叶还有减肥、降压、强心、补血、抗动脉硬化、降血糖等作用。我国医药界还从绿茶中提取了一种水溶性植物色素——茶色素，临床证明有调节血脂、抗凝促纤溶、改善微循环、增加免疫力等作用，是茶药理研究的又一重大突破。

饮茶与人体健康密切相关。有人预言，茶叶将成为 21 世纪最受欢迎的健康饮料。因此，只要提倡科学饮茶、适量饮茶，可以说，饮茶对人的健康长寿有百利而无一害。这正是中华茶文化与养生关系密切的物质基础。

2. 茶文化的社会功能

茶文化的社会功能主要表现为发扬传统美德、展示文化艺术、修身养性、陶冶情操、促进民族团结、表现社会进步和发展经济贸易等。

传统美德是经过几千年积淀下来的被人们所推崇的美好品德，是民族精神和社会风尚的体现。茶文化具有的传统美德主要有热爱祖国、无私奉献、坚韧不拔、谦虚礼貌、勤奋节俭和相敬互让等。吴觉农和湖南刘先和为茶叶事业鞠躬尽瘁，既是爱国主义者，又是当代茶人的杰出代表。陆羽《茶经》是古代茶人勤奋读书、刻苦学习、潜心求索、百折不挠精神的结晶。以茶待客、以茶代酒，"清茶一杯也醉人"是中华民族珍惜劳动成果、勤奋节俭的真实反映。

以茶字当头排列茶文化的社会功能有以茶思源、以茶待客、以茶会友、以茶联谊、以茶廉政、以茶育人、以茶代酒、以茶健身、以茶入诗、以茶入艺、以茶入画、以茶起舞、以茶歌吟、以茶兴文、以茶作礼、以茶兴农、以茶促贸和以茶致富。

以茶会友是茶文化的社会功能之一。市场竞争越来越激烈，讲究优胜劣汰，讲利益、讲效益，人际关系趋于淡漠。通过茶楼、茶艺馆品茗，朋友们可以聚在一起，互通信息，交流感情，增进了解，沟通友谊。朋友相聚在旧式茶馆里，随意说笑，回忆人生，可以享受到生命的乐趣。

古代就有“寒夜客来茶当酒”之说，以茶代酒体现了传统美德。

以茶育人是新时期茶文化孕育出来的新的社会功能。上海少儿茶艺通过让学生自己动手，让学生学习茶科学，弘扬传统优秀文化，接受爱国主义教育。在敬茶中，展现出对老人、长辈的尊敬，对父母的孝敬，对同学的敬意。

知识储备 4　塑造茶叶品牌的企业文化

茶叶品牌的企业文化是指某个品牌的茶叶企业，如茶厂、茶叶店、茶馆等，在从事茶叶生产和经营活动中所创造的精神文明和物质文明，包括企业价值观念、企业精神、职业道德、企业形象、企业科学技术和文化素养、企业荣誉观及产品信誉等，是企业在长期生产和经营活动过程中，逐步形成和发展起来的。塑造茶叶品牌的企业文化需要从以下几个方面入手。

（1）首先，使员工对茶叶品牌的企业文化及其作用有共同的理解，茶叶企业可以通过讲座、多媒体、参观的方式统一大家的认识。明确茶叶企业文化建设的目的，目的不同，茶叶企业文化建设的要求就不一样，有的是塑造出茶叶企业的高品位形象，有的是改变茶叶企业现存的不良风气，还有的是为了打造一支具有强大凝聚力和战斗力的员工队伍。

（2）其次，梳理茶叶企业的文化理念。由于企业文化的核心是共有的价值观，因此在员工对企业文化大致有所了解以后，就可以着手梳理茶叶企业的文化理念。先聘请专家对高层进行访谈；通过问卷或座谈或访谈等形式缩小员工认识上的差异，形成理念初稿；最后围绕基本理念，明确茶叶企业的经营理念、管理理念和公共关系理念。这个过程可能需要反复多次。

（3）最后，企业文化的宣传和落实。短期宣传可以通过召开企业文化宣传专题会议、优秀员工引导其他员工、板报、组织案例讨论、树榜样等形式进行；长期宣传可以采用印刷企业文化宣传手册，达到人手一份，要求员工反复学习的方法。企业文化不是茶叶品牌门面的装饰品，而是指导员工行动的指南。因此，必须付诸行动，使茶叶企业的行为与理念保持一致。

【任务实施】

步骤一：　组建学习任务小组

教师根据学生的学号随机划分学习任务小组，每 5～6 人为一个小组，由小组成员自行选举小组长。

步骤二：任务分工

由小组长组织小组成员对如何完成本项目的学习任务“茶叶品牌的文化建设”进行充分讨论，从茶叶品牌的地域文化、历史文化、人文文化、企业文化四个方面制订完成该学习任务的初步计划，同时小组成员之间做好任务分工。

（1）网上收集资料，挖掘茶叶品牌的地域文化。

（2）网上收集资料，梳理茶叶品牌的历史文化。

（3）网上收集资料，提炼茶叶品牌的人文文化。

（4）网上收集资料，塑造茶叶品牌的企业文化。

步骤三：为讲演介绍做准备

小组成员做好分工后开始搜集资料，或网上搜寻，或去图书馆翻书查阅，最后整理好文档，形成 PPT 或书面报告，小组成员依次上台讲演介绍。

步骤四：评价

小组成员完成讲演任务后，可以先进行自我评价和自我分析，然后由台下其他小组对其进行打分和评价，最后由教师简要点评并总结。评价内容、评价标准及各项目的分值见【任务评价】。

【任务评价】（见附录A）

【任务巩固与案例分析】

一、任务巩固

1. 假设你是一名茶叶品牌设计师，你要如何建设茶叶品牌文化？

分析与提示：这个问题涉及的范围比较广，要求简要回答，你可以结合茶叶品牌的地域文化、历史文化、人文文化、企业文化四个方面着手进行建设，选择一两个角度详细说明设计灵感和思路。

2. 中国茶叶品牌文化内涵浓厚，列举出你印象最深的茶叶品牌文化内涵？请简要介绍一下。

分析与提示：中国的茶叶品牌很多，选择依靠文化内涵营销的茶叶品牌，简单说明这种茶叶品牌文化建设的意义。

二、案例分析

澜沧古茶的文化建设

地域文化。普洱茶的文化内涵是十分丰富的，远古时期居住在澜沧江流域沿岸思普区（云南省西南部）一带的古代先民们在生产生活实践中，发现了野生茶树的用途，继而进行栽培、利用，开启了新的茶文化篇章。该地区各民族的饮茶方法多种多样，有哈尼族的烤茶、土锅茶、蒸茶，彝族的烤罐茶、盐巴茶，傣族的竹筒茶，拉祜族的烤茶、大锅茶，佤族的铁板烧茶，布朗族的竹青茶、酸茶等。

历史文化。古人云："普洱茶名遍天下。"此言甚是。古今中外，文人学者为普洱茶著书立说、吟诗作曲者不乏其人。清代文学家曹雪芹曾将普洱茶写入《红楼梦》，俄国文豪托尔斯泰亦将普洱茶写入《战争与和平》，清代文人阮福著有《普洱茶记》，而在思普区茶乡，则流传着不少与普洱茶有关的古诗曲和民间山歌，其种茶、采茶、揉茶、饮茶、咏茶、祭茶等，均是由茶而引发的一系列茶文化现象。

人文文化。思茅区从1993年开始举办中国普洱茶叶节，对该区进一步扩大对外开放，拓宽招商引资渠道，弘扬普洱茶博大精深的茶文化，促进地方经济文化的发展，起到了积极的推动作用。1997年4月，中华人民共和国原邮电部发行《茶》邮票，一套4枚，第一枚《茶树》印有澜沧邦崴过渡型古茶树，面值50分，同时发行了澜沧邦崴古茶树极限明信片，开了中国大陆茶文化入邮之始，在国际邮政上起到了宣传作用。思茅区的普洱茶艺表演队曾在昆明、泰国清莱等地表演过，具有哈尼、彝、拉祜、傣、佤族的饮茶习俗，以"清敬和爱"为茶艺精髓向宾客敬献清茶、烤茶、酒茶，把观茶、闻香、浸泡、尝味等地方民族特色表现了出来。

企业文化。澜沧古茶有限公司多次被认为是茶叶行业及健康茶生活的标杆代表企业。澜沧古茶有限公司在发展的同时，一刻也没有停下回报社会的脚步。在每一次的慈善活动中，公司都拿出最好的茶品进行义卖，吸引各地茶友购买，最终把爱心传达到各方。

通过阅读以上茶叶品牌文化建设案例的阅读，关于茶叶品牌的文化建设，你受到了什么启发？

任务 3.3 茶叶品牌的呈现效果

【任务分析】

茶叶品牌的呈现效果可以分为茶叶品牌的图文呈现和短视频呈现两个方面。

【任务目标】

知识目标	1. 了解茶叶品牌的图文呈现 2. 了解茶叶品牌的短视频呈现
技能目标	1. 能够理解茶叶品牌图文呈现的基本元素和思路 2. 能够理解茶叶品牌短视频呈现的特点和基本要素
素质目标	1. 了解茶叶品牌的宣传方式，传承中国茶叶品牌，增强民族自豪感 2. 树立风险防范意识和正确的金钱观，恪守职业道德

【任务知识储备】

知识储备 1 了解茶叶品牌的图文呈现

“远看色、近看花”，对于消费者来讲，对于色彩的重视程度大于对形的重视程度。茶叶作为一种民族性商品，其受欢迎程度不亚于咖啡，并且随着经济的全球化发展，茶叶已经成为世界三大饮料之一。我国是茶叶的故乡，自古至今逐渐形成了绿茶、红茶等六大知名茶类，茶叶产业的逐渐成熟有力地带动了区域经济的前行与发展。如今，品牌的重要性毋庸置疑，尤其是在市场竞争越发激烈的大环境下，塑造更具竞争力的茶叶品牌成为当务之急。步入21世纪后，品牌的影响力已经摆脱了地域的限制，向全球每一个角落蔓延。对于茶叶企业来讲，塑造在世界范围内具有广泛知名度的品牌对于整个营销工作而言尤为重要。

1. 茶叶品牌图文呈现的基本元素

首先，茶叶品牌的图形元素。图形简单地说就是图画和形态，包括图像、图片和图表等。在茶叶品牌设计中，图形元素主要由具象图形和抽象图形构成，其中具象图形就是茶叶自然形态下的图形，而抽象图形就是对茶叶具象图形概括或提炼后形成的茶叶形象。

其次，茶叶品牌的文字元素。在茶叶品牌设计中，文字元素主要分为文本文字和图形文字，其中文本文字主要是对产品的具体介绍，而图形文字主要是指美术字，可以以茶叶的形体进行设计，增强感染力。

最后，茶叶品牌的色彩元素。色彩元素是图形与文字元素的补充，而且是其他视觉表现元素的背景，对于凸显茶叶广告主题具有重要作用。

2. 茶叶品牌图文呈现的思路

图文呈现出的视觉形象是茶叶品牌的营销手段，它运用有形的感性形象在茶叶品牌定位这一无形的理性概念前提下刺激着消费者的感观，从而使品牌占据消费者的心智。

图 3-11 "凤牌红茶"标识

（1）蕴茶意于茶叶品牌色调之中。目前，市场中的茶叶品种可以大致分为绿茶、白茶、黄茶、青茶、红茶和黑茶六种。在开展不同茶色的茶叶品牌设计时，除需要充分考虑茶叶产品的档次及适用场合之外，还应该顾及消费者的个性化视觉体验差异及欣赏习惯，将能够凸显茶色茶品的设计展现在消费者眼前，使消费者在不详细阅读文字信息的前提下即可明确该产品的具体信息。图 3-11 所示的"凤牌红茶"标识，采用红色为品牌的唯一色彩，消费者一看就能明白，这款茶叶产品属于红茶。

（2）蕴民族文化元素于茶叶品牌图文设计中。在茶叶品牌图文设计中充分利用民族文化元素，以浑厚的文化底蕴来获得消费者的认可，并打造出忠诚的客户池。而民族文化元素的类型多样，如中国画、装饰纹样、吉祥图案、剪纸艺术、少数民族图案等。图 3-11 所示的"凤牌红茶"标识被设计成凤凰图案，让人一看就明白这是中国的茶叶。

（3）灵活运用点、线、面于茶叶品牌图文设计中。点、线、面通过任意组合或是偶然纹样抽象构成的画面具有一种独特的视觉美感，在茶叶品牌图文设计中，可以通过简单组合点、线、面，营造出一个富于想象空间的画面，从而使消费者能自主想象以丰富画面内容，继而对茶叶产品产生一种强烈的了解和购买欲望。如图 3-11 所示的"凤牌红茶"标识中，点、线、面简单地组合成一个凤凰图案，凸显了茶叶的高贵意蕴，让人在品尝产品时获得精神上的满足，进而产生消费心理。

（4）将摄影与茶叶品牌图文设计有机结合。摄影是将日常生活中稍纵即逝的事物及影像转化为不朽的视觉图像，将其应用在茶叶品牌图文设计中是指借助于高精度、高分辨率的影像来如实还原出茶叶产品的形态、质感，继而给消费者传递出一种一目了然、值得信赖和亲切的感觉，尤其是将摄影内容绘制在外包装上，能够将云雾缭绕、山峦重叠的自然风光及茶叶生长的生态环境展现在世人面前，为消费者深入了解该产品提供助力。

知识储备 2　了解茶叶品牌的短视频呈现

随着 5G 的逐渐普及，趋于成熟的短视频已成为产品品牌触达用户的最短路径和渠道，是产品品牌链接用户的首选。有数据表明，短视频引起的转发是图文的 12 倍，看过短视频的用户购买意愿是其他用户的 1.8 倍。在短视频流量聚集的当下，各行各业纷纷抢占抖音、快手、小红书、视频号等平台。毋庸置疑，短视频已成为行业的基础设施，是当下流量最大的入口。而对于需要被传播展示的茶叶产品，短视频的社交属性和多方位丰富的展示性，能及时为茶叶品牌宣传赋能，汇集精准人群和流量池，是茶叶企业、茶叶店等绝佳的推广窗口和拓客营销渠道。

1. 茶叶品牌短视频呈现的特点

（1）短小精悍，内容有趣。在 5G 时代、碎片化时代，人们对于信息、娱乐内容的获取已经摆脱了传统资讯的时长限制，在新媒体平台上播放的、适合在移动状态和休闲状态下观看的视频时长一般在 15 秒到 5 分钟之间。相对于文字、图片来说，短视频能够带给用户更好的体验，表达也更加生动形象，能够将茶叶品牌所传达的信息更真实、更生动地传达给受众。因为时间有限，短视频展示出来的内容往往都是精华，符合用户碎片化的生活习惯，降低了人们参与的时间成本。

（2）互动性强，社交黏性高。互联网通信的发展首打的旗号就是互动，手机缩短了人与人之间的距离，也便利了人与人之间的交往。在互联网领域中，任何行业都离不开互动。在各大短视频应用中，用户可以对短视频进行点赞、评论，还可以给短视频发布者私信，短视频发布者也可以对评论进行回复。短视频为茶叶企业和用户提供了互动平台，加强了短视频发布者和用户之间的互动，增强了社交黏性。

（3）创意剪辑手法。短视频常常运用充满个性和创意的剪辑手法，或制作精美而引起用户的震撼，或运用比较动感的转场和节奏增加趣味性，或加入解说、评论加强与用户的交流等，让人看完一遍还觉得不过瘾，想再看一遍。茶叶品牌的短视频可以通过创意的剪辑手法，为用户提供丰富的茶叶信息，如采茶、炒茶、泡茶等过程，将更加真实的信息传递给用户；或者通过创意剪辑手法，体现茶叶品牌的文化内涵和底蕴。

2. 茶叶品牌短视频呈现的基本要素

（1）短视频呈现的第一要素——有价值趣味的主题，这是一个短视频的基础。价值趣味是指给观众提供某种价值和趣味。经统计，受欢迎的视频大部分都具备一个共同特征——真实（真实的人物、真实的故事、真实的情感）或是有价值趣味的主题，这是优质短视频的第一要素。因此，茶叶品牌短视频呈现需要采集真实的案例和故事，或者真实的采茶、炒茶的过程。

（2）短视频呈现的第二要素——清晰的画质，它决定了一个短视频带给用户的体验。如果视频拍摄得不清晰，画质不够，即使内容很好，也容易被用户关掉。因此，茶叶品牌短视频的制作要呈现出优质且清晰的画面。

（3）短视频呈现的第三要素——准确的标题，它决定了短视频的打开率。平台对短视频主要通过机器算法推荐分发，会从标题中提取关键词进行推荐，随后短视频的播放量、评论数、用户停留时间将决定这条短视频是否能够继续得到推荐。因此，茶叶品牌短视频在取标题时，要准确表达短视频的内容，直击用户痛点，只有这样才能吸引用户打开短视频。

（4）短视频呈现的第四要素——相符合的音乐，它决定了短视频的情绪和基调。短视频本身就是一种视听的表达方式，音乐作为声音元素的重要组成部分，能够很好地传递视频内容。茶叶品牌的短视频呈现要选择与茶叶特点相符的音乐，升华主题，帮助观众快速进入短视频呈现的情境中。

（5）短视频呈现的第五要素——文案要直达用户心智，它决定了短视频的价值。好的短视频会在编剧、表演、拍摄、剪辑和后期加工等多方面精细打磨，但最终落脚处的文案是打动人的关键。茶叶品牌短视频的文案设计要能打动用户，让用户产生情感波动，只有这样的短视频才能让用户印象深刻。

【任务实施】

步骤一： 组建学习任务小组

教师根据学生的学号随机划分学习任务小组，每5～6人为一个小组，由小组成员自行选举小组长。

步骤二：任务分工

由小组长组织小组成员对如何完成本项目的学习任务“茶叶品牌的呈现效果”进行充分讨论，从茶叶品牌的图文呈现和短视频呈现两个方面出发制订完成该学习任务的初步计划，同时小组成员之间做好任务分工。

（1）认识茶叶品牌图文呈现的基本元素，熟悉茶叶品牌图文呈现的思路。

（2）认识茶叶品牌短视频呈现的特点，了解茶叶品牌短视频呈现的基本要素。

步骤三：为讲演介绍做准备

小组成员做好分工后开始搜集资料，或网上搜寻，或去图书馆翻书查阅，最后整理好文档，形成PPT或书面报告，小组成员依次上台讲演介绍。

步骤四：评价

小组成员完成讲演任务后，可以先进行自我评价和自我分析，然后由台下其他小组对其进行打分和评价，最后由教师简要点评并总结。评价内容、评价标准及各项目的分值见【任务评价】。

【任务评价】（见附录A）

【任务巩固与案例分析】

一、任务巩固

1．假设你是一名茶叶品牌设计师，你要如何以图文形式呈现出茶叶品牌的内涵？

分析与提示：你可以从图画、文字、色彩等方面着手进行设计，呈现出茶叶品牌的内涵，说明设计灵感和思路。

2．假设你是一名茶叶品牌设计师，你要如何以短视频形式呈现出茶叶品牌的特点？

分析与提示：你可以从短视频的主题、画质、标题、音乐、文案等方面着手进行设计，呈现出茶叶品牌的特点，说明设计灵感和思路。

二、案例分析

1．茶叶品牌的图文呈现

茶颜悦色是带有中国风视觉印象的茶饮品牌，是一家以茶饮和甜品为主打的奶茶店，其运用复合式创新思维顺势推出新一代立体复合餐饮业态，以高级食材制作产品，以平价的产品服务消费者。

在以黑白、简约的北欧风盛行的现代市场，茶颜悦色独树一帜的中国风、复古装帧，意外成为都市审美中的一股“清流”，店面风格因此成为其一个绝佳的营销噱头。再配合茶颜悦色及其子品牌知乎茶也“越中国，更时尚”“着了复古的魔”的推广文案，为消费者打造了全景式的新中式茶饮风尚。茶颜悦色在中国传统文化和当下时尚潮流中找到了新的融合点，其品牌形象中既有传统的底蕴，又有时尚的不羁，深受年轻人的喜爱，茶颜悦色门店品牌形象和饮品品牌形象如图3-12所示。

（a）

（b）

图3-12 茶颜悦色门店品牌形象和饮品品牌形象

(c)

(d)

图 3-12　茶颜悦色门店品牌形象和饮品品牌形象（续）

2. 茶叶品牌的短视频呈现

春季是新茶销售旺季。为满足消费者多元化的购物需求，快手电商推出了“快手春茶节”活动，旨在发挥“短视频+直播”的平台优势，传播茶文化，推广当季茶品。

“快手春茶节”期间，快手推出了“春天的第一口茶”等话题视频征集活动。用户、茶品商家只需带话题标签，发布春茶相关短视频即可参与话题互动，并有机会获得视频助推奖励，完成单日销售额提升任务的茶品商家还可领取相应的快币奖励。快手上的茶农、茶商及饮茶爱好者纷纷在话题活动页集结，分享自己种茶、选茶、喝茶的心得。

“采茶女范范”在快手上分享了自己为保障茶叶的品质和风味，在大雨来临之前，抢收下了当年的第一批西湖龙井，采摘、炒茶忙了通宵；“水亦香·茶文化”通过短视频讲解了西湖龙井经典的五大香型，让更多人了解了“春天的第一口茶”；“茶之趣-耕记真品质”则为大家科普了“春茶集万千宠爱于一身”的原因，介绍春茶在品质、营养成分、香气等方面与其他季节茶叶的不同，分享了选茶技巧……该活动的话题标签页俨然成了茶友们的交流场。如图 3-13 所示，无论是茶叶生产过程，还是茶道技艺，或是茶品鉴赏，在当下网络时代，都可以作为新媒体媒介素材，向大众进行展示。

图 3-13　茶叶品牌短视频呈现

相关数据显示，本次活动累计浏览量已超 8000 万人次，话题互动为本次活动带来了较高的人气及关注度。

通过阅读以上茶叶品牌图文呈现和短视频呈现的案例，关于茶叶品牌呈现的方式，你受到了什么启发？

【素质园地：立志、修德、勤学、求实】

传承和弘扬中华优秀传统文化

优秀传统文化是一个国家、一个民族传承和发展的根本，如果丢掉了，就割断了精神命脉。作为一名大学生，未来中华民族的建设者和接班人，肩负着历史和时代赋予的使命，如何最大限度地传承和弘扬中华优秀传统文化，在实现中华民族伟大复兴的中国梦的生动实践中放飞青春梦想，是当代大学生需要深入思考的一个问题。

（1）立鸿鹄志，做中华优秀传统文化的忠实继承者。范仲淹“先天下之忧而忧，后天下之乐而乐”忧国忧民的思想，顾炎武“天下兴亡，匹夫有责”等爱国主义思想一直激励着大学生，帮助大学生树立崇高的人生理想，激励他们奋发有为。

梁启超说过：“少年富则国富，少年强则国强。”新时代给了青年人新的机会，也对青年人提出了新的要求。作为祖国未来接班人的大学生，肩上的责任重大，所要做的是同先辈们一样把个人的命运同祖国的命运紧密联系起来，真正地做到继承高尚的爱国情怀，弘扬民族精神，立鸿鹄之志，用中国梦激扬青春梦，把远大抱负落实到实际行动中，在圆梦的路途上脚踏实地、行稳致远。

（2）以德修身，做中华优秀传统文化的忠实传承者。在中华优秀传统文化中，蕴含着丰富的、具有现实意义的思想观念，如“己所不欲，勿施于人”“吾日三省吾身”“上善若水，厚德载物”“勿以善小而不为，勿以恶小而为之”等，对陶冶大学生的情操、提升大学生的道德境界，都有着积极的影响。

大学生在社会中的角色不同于其他社会群体，他们拥有年龄优势和知识才能优势，肩负的历史使命和责任更重些，国家和社会对大学生的要求是德才兼备，“德”永远是放在第一位的。因此，大学生既要坚持全面发展，又要坚持以德为先、以德修身，才能“扣好人生的第一粒扣子”。

“勿以善小而不为，勿以恶小而为之”是三国时期刘备在临终时对儿子刘禅所说的，这句话至今对我们立德修身仍具有指导意义。我们要立志报效祖国、服务人民，这是大德，养大德者方可成大业；同时，还得从做好小事、管好小节开始，始终做到“勿以善小而不为，勿以恶小而为之”。作为一名大学生，更要严格要求自己，大力弘扬优秀传统文化，自觉践行社会主义核心价值观，始终保持积极的人生态度，培养良好的道德品质和健康的生活情趣，做一个有大爱、大德、大情怀的大学生，让中华优秀传统文化在传承中不断发扬光大。

（3）勤学笃实，做中华优秀传统文化的忠实弘扬者。在中华优秀传统文化中，流传着很多古人勤学苦学、虚心好学的求知故事，如凿壁借光、悬梁刺股、牛角挂书，“黑发不知勤学早，白首方悔读书迟”“读书破万卷，下笔如有神”的求知精神都值得我们去铭记，更值得我们去弘扬。

高考的结束并不意味着不分昼夜刻苦学习的日子就可以画上句号了。"雄关漫道真如铁，而今迈步从头越"，考上大学，只是新的起点，是新的挑战、新的梦想的开始。因此，我们应合理规划大学生活，正确认识时代特点，正确认识大学学习，弘扬古人勤学苦学、虚心好学的求知精神，静心学习，刻苦钻研，求得真学问、练就真本领。

习近平曾寄语青年大学生："年青人在学校要心无旁骛，学成文武艺，报效祖国和人民，报效中华民族。"这一番话不仅带着对大学生的殷切希望，还渗透着对大学生前景的美好展望。大学生正处于学习的黄金时期，应该从中华优秀传统文化中吸取营养，把学习作为首要任务，作为一种责任，树立梦想从学习开始、事业靠本领成就的观念，让勤奋学习成为青春远航的动力，让青春在时代进步中焕发出绚丽的光彩，用自己勤劳的双手收获成功、托起中国梦。

（4）勇于实践，做中华优秀传统文化的忠实践行者。"见之不若知之，知之不若行之""知之愈明，则行之愈笃；行之愈笃，则知之益明""纸上得来终觉浅，绝知此事要躬行"都告诉我们，要坚持知行合一，注重在实践中学真知、悟真谛，加强磨炼、增长本领。

大学生社会实践活动是大学生投身改革开放、向群众学习、培养锻炼才干和践行中华优秀传统文化的重要渠道。"纸上得来终觉浅，绝知此事要躬行"，书本知识也不完善，想理解其中的道理，必须要亲自实践，几百年前，南宋大诗人陆游便悟透了这个道理。

大学生要根据自己的专业特点和特长为社会做一些力所能及的事情，通过走进社区、工厂、农村，在实践中受教育、长才干、做贡献。大学生要把实现中华民族伟大复兴的中国梦作为正确的人生目标和价值取向，做好中华优秀传统文化的继承者、传承者、弘扬者和践行者，通过踏踏实实地努力，身体力行地付诸实施，不断推动中华优秀传统文化与时俱进、生生不息，并从中吸取营养，把自己锻炼成合格的社会主义建设者和接班人。

总之，中华优秀传统文化是凝聚民族共识、增强民族凝聚力的重要精神依托，是实现中华民族伟大复兴的中国梦的文化支撑和精神之基。大学生作为一个国家和民族发展的中坚力量，在文化的传承中发挥着举足轻重的作用。大学生要切实提高传承和弘扬中华优秀传统文化的历史责任感，从现在做起，从自己做起，做一名忠实的中华优秀传统文化的继承者、传承者、弘扬者和践行者，不断推动中华优秀传统文化发扬光大，为中华民族的伟大复兴做出积极贡献。

项目 4　“互联网+”茶叶定价

八马茶业不仅拥有自己的茶园，而且在安溪县收购毛茶进行加工，另外还拥有专卖店销售渠道。因此，茶叶成本分析可以分为三个阶段来进行。

第一阶段在茶园，八马茶业种植茶树，养护、采摘、筛选茶叶并加工成毛茶。这个阶段毛茶的成本为每斤 30 元到 100 元，销售价格为每斤 50 元到 120 元。

第二阶段在茶叶加工厂，该公司茶园种植的毛茶或从其他茶园采购的毛茶在这里加工成净茶。毛茶加工成净茶，重量会减少 30%，再加上加工过程中的人力成本和管理成本，净茶的成本为每斤 50 元到 150 元。普通茶厂的净茶出厂价一般为 70 元到 300 元，但八马茶业因为品牌价值和自建渠道，出厂价比普通茶厂贵 50%以上。

第三阶段在专卖店，茶叶通过这个阶段销售到最终顾客手中。八马茶业在第三阶段产生的利润在 60%至 150%，一些特别好的铁观音的利润可能会高于 200%。因为所在城市、地段和销售量的不同，专卖店的利润差别很大。中国普通一二线城市，一个普通专卖店每月成本大约为 15 000 元，月销售额为 25 000 元左右。

从以上分析可以看出，八马茶业的产品利润率比较高，顾客购买其茶叶是认可八马茶业的企业品牌和其所代表的产品质量。中高利润定价策略可以让八马茶业有足够的资本维护产品质量和产品知名度，更重要的是丰厚的利润可以让八马茶业有资本拓展铁观音在国内市场的销售渠道，提高企业的市场竞争力。

八马茶业的茶叶利润较高，市场吸引力大。近年来，很多安溪县本地铁观音茶厂跳过八马茶业直接对外销售低价的优质铁观音，但是因为这些厂家缺少渠道优势，品牌知名度低，缺乏客户信任，没有形成规模销售优势，还不能对八马茶业构成竞争威胁。

“互联网+”背景下的茶叶定价是指在“互联网+”市场中的各种营销模式下，给茶叶产品确定一个合适的价格，既能满足消费者的需求，又能保证茶叶企业的利益。本项目包含三个任务：一是茶叶成本导向定价；二是茶叶需求导向定价；三是茶叶生命周期导向定价。

任务 4.1　茶叶成本导向定价

【任务分析】

成本导向定价法是指以茶叶成本为依据，加上企业的预期收益来确定茶叶产品的最终价格。从成本的核算角度，成本导向定价法又分为成本加成定价法、目标收益定价法和边际成本定价法。

【任务目标】

知识目标	1．认识茶叶成本加成定价法 2．了解茶叶目标收益定价法 3．熟悉茶叶边际成本定价法
技能目标	能够简单分析茶叶的成本计算，并以成本为基础确定茶叶的合适价格
素质目标	1．在"互联网+"背景下了解茶叶生产至销售的整个成本情况，培养"互联网+"时代的营销价值观 2．树立"以人为本"的理念，培养正确的人才观 3．自觉树立爱国、敬业、诚信、友善的社会主义核心价值观

【任务知识储备】

知识储备 1　认识茶叶成本加成定价法

成本加成定价，即总成本与比例利润之和。成本加成定价法是一种基本的定价方法。

1．成本加成定价法

成本加成定价法是以全部成本作为定价基础的。首先，估计单位产品的变动成本；其次，估计固定费用，并按照预期产量把固定费用分摊到单位产品上，加上单位变动成本，求出全部成本；最后，在全部成本的基础上加上按目标利润率计算的利润额，即得出价格。

也就是说，成本加成定价法是将产品单位成本加上一定比例的利润制定产品价格的方法。大多数企业按成本利润率来确定所加利润的大小。成本加成定价法计算公式：

价格=单位成本+单位成本×成本利润率

=单位成本×（1+成本利润率）

产品出厂价格=单位产品制造成本+单位产品应负担的期间费用+单位销售税金+单位产品销售利润

=单位产品制造成本+单位产品销售利润+出厂价格×（期间费用率+销售税率）

移项得：

产品出厂价格=（单位产品制造成本+单位产品销售利润）/（1-期间费用率-销售税率）

=单位产品制造成本×（1+成本利润率）/（1-期间费用率-销售税率）

期间费用包括管理费用、财务费用和销售费用。期间费用率为期间费用与产品销售收入的比率，可以用行业平均比率，也可以用本企业基期损益表中的数据。

销售税金是指产品在销售环节应缴纳的消费税、城市建设税及教育费附加等，但不包括增值税。销售税率是这些税率之和。

销售利润可以是行业的平均利润，也可以是企业的目标利润。成本利润率是销售利润与制造成本的比率，即加成比例。这是成本加成定价法的关键。

成本加成定价法的优点：产品价格能保证企业的制造成本和期间费用在得到补偿后还有一定利润，产品价格水平在一定时期内较为稳定，定价方法简便易行。

成本加成定价法的缺点：忽视了市场供求和竞争因素的影响，忽略了产品生命周期的变化，缺乏适应市场变化的灵活性，不利于企业参与竞争，容易掩盖企业经营中非正常费用的支出，不利于企业提高经济效益。

2. 茶叶成本组成

（1）种茶成本（茶园种植成本）：茶园的核心成本构成包括三部分，即材料成本、管理成本、人力成本。其中，材料成本属于一次性投入，多年受益，主要是指茶苗的成本；管理成本包括土地使用费、肥料和药物费等；占比最大的是人工成本，主要表现为人工采摘茶叶的费用。

（2）做茶成本（茶叶产品加工成本）：加工厂的核心成本包括原料成本、人工成本、制造费用等。原料成本包括企业在生产茶叶产品和提供劳务过程中所消耗的直接用于茶叶产品生产并构成茶叶产品实体的原料，如茶叶鲜叶、干茶、毛茶等。人工成本包括茶叶的炒制、拼配、评审等，直接表现为从事茶叶生产的工人和辅助工人的基本工资、附加工资、工资性津贴等。制造费用（机器成本）是指茶叶企业各个生产单位（分厂、分车间、总厂）、生产管理部门及服务部门，为组织、管理和服务于生产所产生的各项费用。

（3）卖茶成本（茶叶店成本）：主要包括买茶（进货）费用、运输费用和房租，其中运输费用、房租等构成销售费用。

房租：四五十平方米的茶叶店平均每月的租金。

装修：包括茶桌、茶叶展示柜、博古架、墙壁挂饰等。

人工：员工每月的工资。

进货：主要为春茶和秋茶的成本。

水电：店内每月的水电消耗。

茶叶店的利润=上月单店的总销售额-店铺月租金-所有员工月工资-月水电费-月税费支出-单月卖出的茶叶的进货价加运费。

举例：假设你的茶叶店月销售额是 60 000 元、租金是 20 000 元、3 个员工工资合计 6000 元、月水电费用 800 元、税费合计 500 元、茶叶成本是 24 000 元，那么你的茶叶店上月的利润为 8700 元（60 000-20 000-6000-800-500-24 000）（不同地区的消费水平、租金、工资等不同，差别很大，这个数字仅供参考）。

知识储备 2　了解茶叶目标收益定价法

茶叶目标收益定价法的要点是使茶叶产品的售价达到企业预期的目标利润率。企业根据总成本和估计的总销售量，确定期望达到的目标收益率，然后推算价格。

1. 目标收益定价法

目标收益定价法又称资产报酬定价法或者投资报酬定价法，即根据某一估计销售量下总成本的特定利润率来确定产品的利润和价格。使用这种方法，应先估计未来可能达到的销售量和总成本，在收支平衡的基础上，加上预期的目标收益额（即投资或资产报酬额），然后计算出具体的价格。这种方法简便易行，可提供获得预期收益时最低可以接受的价格和最低的销售量，并且可以全面地考虑企业资本投资的经济效益。

茶叶目标收益定价法是根据预期的茶叶销售量来推算茶叶价格的，因此必须做好茶叶市场调研，保证所定的茶叶价格达到预期的销售量。

目标收益定价法的计算公式：

茶叶出厂价格=[（单位变动成本+单位固定成本）/（1－销售税率）]+[目标利润/（预期销售量×（1－销售税率）]

目标利润=（单位变动成本+单位固定成本）×预期销售量×成本利润率

茶叶出厂价格=[（单位变动成本+单位固定成本）×（1+成本利润率）]/（1－销售税率）

2. 茶园利润

一般情况下，茶园每亩产量为200～300斤，需要的材料费用和人工费用大约为3000元，加上种苗费用约3000元，成本大约为6000元，按照100元/斤的价格收购，利润为14 000～24 000元。

很多人都喜欢喝茶，市场需求也越来越大，这也促进了茶叶产业的兴起。

茶叶一般投资小、收益高，但是采摘后的鲜品是需要复杂程序加工的，不管是哪种茶叶，它的价格都是由制作工艺和生长环境决定的。

其实，市面上出现的很多包装豪华且价格昂贵的茶叶，不一定是上等且质量较好的茶叶。有的茶叶成本很低，经过不法商家的故意炒作，其价格偏高。我们在种植茶叶的时候要选好品种，这样才能有效回利。

3. 卖茶利润

随着人民生活水平的逐渐提高，越来越多的人开始喜欢喝茶，而且茶叶具有很好的提神功能，在中国也有悠久的历史，一直以来备受关注。那么，卖茶利润有多高呢？

据了解，卖茶利润为60%～75%，茶叶的利润还是非常可观的。茶店每月的净利润=营业额－租金－员工工资－茶叶采购成本，规模较小的茶店卖茶的月利润为17 000～20 000元。

当然茶叶品牌不同、品质不同，所带来的市场销售金额也是不一样的，获利标准也是不同的。

知识储备3 熟悉茶叶边际成本定价法

边际成本定价法是企业以单位产品的边际成本为基础的定价方法。在完全竞争市场中，边际成本定价法是能使市场达到均衡的定价方法，此时企业的边际收益等于边际成本，短期利润为零。由于边际成本是商品在不考虑沉没成本的情况下可以销售的最低价格，因此企业在短时期内能继续维持下去。

边际成本是每一单位新增生产的产品（或购买的产品）带来的总成本的增量。一般而言，随着产量的增加，总成本呈递减式增加，从而使边际成本下降，这就是规模效应。随着产量的增加，边际成本会先减少后增加。

茶叶边际成本的作用就是研究成本变化规律，配合边际收入，计算边际利润。

当边际收入-边际成本=边际利润>0 时，方案可行。

当边际收入-边际成本=边际利润<0 时，方案不可行。

茶叶边际成本的变化规律：茶叶边际成本的变化规律与平均成本的变化规律相似，也先随产量的增加而降低，达到一定规模后开始增加。只不过茶叶边际成本达到最低时，茶叶的产量比平均总成本及平均变动成本所对应的茶叶的产量少，在平均总成本与平均变动成本达到最低点时，边际成本等于平均成本。

运用边际成本定价法取得信息，对茶叶企业管理者进行相关分析、做出决策具有重要的指导作用。边际成本定价法克服了完全成本导向定价法的缺点，避免操纵短期利润，从而有利于短期产量决策的做出。

本量利分析就是分析总成本、收入（企业最终利润）和企业产销量之间的关系。本量利分析也是建立在边际成本定价法基础上的，在企业的实际应用中主要进行保本分析和目标预测，为企业管理者合理安排生产、组织营销提供了比较可靠的信息，使管理者做出决策时心明眼亮、有的放矢，避免了盲目性和决策失误。

【任务实施】

步骤一： 组建学习任务小组

教师根据学生的学号随机划分学习任务小组，每 5～6 人为一个小组，由小组成员自行选举小组长。

步骤二：任务分工

由小组长组织小组成员对如何完成本项目的学习任务“茶叶成本导向定价”进行充分讨论，从茶叶成本、收益、边际成本等方面制订完成该学习任务的初步计划，同时小组成员之间做好任务分工。

（1）了解茶叶成本加成定价法，理解茶叶的成本组成，简单预算出茶叶从在种植到销售过程中每个环节的成本，根据成本制定合适的价格。

（2）了解茶叶目标收益定价法，理解茶叶利润计算公式，简单预算出茶叶从种植到销

售过程中每个环节的利润，根据目标收益制定合适的价格。

（3）了解茶叶边际成本定价法，理解茶叶边际成本的变化规律，根据边际成本制定合适的价格。

步骤三：为茶叶成本实地访谈做准备

（1）制定调查方向，并选取访谈对象（茶农、茶叶企业经理、茶叶店老板等）。

（2）设置访谈内容（茶园管理、茶叶加工、茶叶销售等）。

根据调查目的，研究调查内容、调查范围等，酝酿访谈的整体构思，将所需要的资料一一列出，确定访谈地点、时间及调查对象。

（3）进行访谈。

（4）整理数据，呈现出结果，然后针对访谈结果展开分析。

步骤四：评价

小组成员完成市场调查和结果分析后，可以先进行自我评价和自我分析，然后由台下其他小组对其进行打分和评价，最后由教师简要点评并总结。评价内容、评价标准及各项目的分值见【任务评价】。

【任务评价】（见附录A）

【任务巩固与案例分析】

一、任务巩固

1．假设你想种植茶树，你要如何调查其成本？

分析与提示：这个问题涉及的范围比较广，要求简要回答，你可以结合茶园、茶树、管理、采摘等方面着手进行调研，选择一两个角度进行详细分析。

2．假设你想开一个茶叶店，你要如何估算成本？

分析与提示：这个问题涉及的范围比较广，要求简要回答，你可以结合茶叶店房租、装修、进货、员工等方面着手进行调研，选择一两个角度进行详细分析。

二、案例分析

总体来说，茶叶成品的成本主要包括原材料成本、加工制作成本、仓储运输成本和包装销售成本等多个方面。如果是大型加工厂或品牌连锁店，还有品牌营销成本；如果是小型的茶叶零售店，这一块的投入可以忽略不计。

1. 原材料成本

茶叶的原材料就是茶树的鲜叶。茶树品种不同、采摘标准不同、采摘时间不同，茶树鲜叶的价格差别很大。例如，西湖龙井，早品种的乌牛早和龙井43号，一般要比群体种的价格便宜。特级和一级的采摘标准不同，鲜叶价格也不同。明前茶和明后茶的原料价格差异同样很大。实际上，茶树鲜叶成本中包含了茶农种植管理的生产资料成本、人工采摘成本和机器折旧损耗成本等。

2. 加工制作成本

茶树鲜叶采摘以后，要进入茶叶加工厂进行加工制作，由此产生的费用同样属于茶叶成本。在这一部分，成本包括制茶师傅的劳动力成本、机器的折旧和损耗成本、电力柴火木炭的消耗成本、厂房的使用成本等。茶叶加工制作完成之后，还需要请人进行挑拣，同样也会产生一定的成本。在整个茶叶的加工制作环节中，制作工艺和加工方法不同，最后产生的成本也不一样。完全依靠手工制作的茶叶成本要高出机器制作的茶叶成本很大一部分。不同的茶叶品类，制作成本相差也很大，如红茶和绿茶。

3. 仓储运输成本

茶叶加工制作完成后，要将其从厂家运送到各个零售终端，不管中间要经历几层中间商和经销商，都会产生物流运输成本。这一部分成本要么由制作厂家承担，要么由经销商承担。同时，绿茶要放到专业的冷库进行储存，产生的费用同样算作成本。而类似普洱这样可以长时间存放的茶类，同样也会产生仓储成本。从严格意义上来讲，这些同样要算到茶叶的成本中。

4. 包装销售成本

从表面上看，茶叶进入销售环节，在最终卖给消费者之前，还会产生销售成本。一方面，茶叶店的人工成本、电费、房租等，都要分摊到茶叶的销售成本中。另一方面，客户购买茶叶后的包装、运输等成本，同样要算到茶叶的销售成本中。另外，茶叶属于易碎、易变质的物品，如果保存不当，还会产生各种损耗。这些费用最终也要分摊到茶叶的成本之中。

5. 品牌营销成本

中小茶叶店在品牌建设方面和茶叶宣传方面，一般不会付出太多。从长期经营角度讲，这一部分成本几乎可以忽略不计，或者可以分摊到其他费用之中。但是，营销成本实际上是少不了的。例如，送给客户的品茶体验装。作为大型加工厂或品牌连锁店，在营销推广方面，成本花费就更多了。例如，小罐茶走的就是典型的大范围营销推广路线，其中营销成本占整个成本的很大比例。

明前黄山毛峰，鲜叶的价格为 80～120 元/斤。茶山的海拔高度、茶树的品种及采摘的标准不同，价格会有一定的波动。正常情况下，4 斤鲜叶能制作一斤干茶。所以，仅原材料的成本就已经达到了 320～480 元/斤。加工厂加工制作一斤干茶，加工费为 20～40 元。因此，出厂价就为 340～520 元/斤。

通过阅读以上茶叶成本和利润的案例，关于茶叶成本导向分析，你受到了什么启发？

任务 4.2　茶叶需求导向定价

需求导向定价法以消费者对产品的需求为定价基础，寻求消费者对该产品认同的价值，而不是完全以产品的成本来定价的，尤其是现在的茶叶市场竞争十分激烈，对不同的茶叶产品，消费者有不同的认识。产品要想成功销售出去，茶叶企业必须了解消费者对产品的认识，并以此为基础来制定产品价格，以获得消费者的认可，从而实现茶叶产品的销售。

【任务分析】

市场对茶叶的需求是一个动态变化的过程，茶叶企业也应该按照市场需求情况对价格进行调整。一般以茶叶产品的历史价格为基础，茶叶企业根据市场的需求变化情况，在一定的幅度内变动价格。

【任务目标】

知识目标	1. 了解茶叶价值认知定价法 2. 了解茶叶市场需求定价法
技能目标	1. 能够简单分析茶叶的成本结构 2. 能够以成本为基础确定茶叶的价格
素质目标	1. 能够在“互联网+”背景下了解茶叶市场的需求情况，培养“互联网+”时代的营销观念 2. 培养以遵纪守法、爱岗敬业为职业标准的道德素养 3. 立德树人，提升职业技能，增强社会责任感

【任务知识储备】

知识储备 1　了解茶叶价值认知定价法

茶叶价值认知定价法的前提是企业必须明确自身的产品在消费者心目中具有的价值。如果企业使消费者认为感到购买该企业的产品能比购买其他产品获得更多的相对利益，企业就可根据消费者所形成的价值观念确定较高的产品价格。例如，与同等级茶叶相比，立顿茶叶的价格相对来说明显偏高，很重要的一个原因是其把握住了消费者将其当作时尚、新潮的代表，加之其公司的国外背景，使立顿茶叶不仅是茶叶饮品，还是一种时尚的象征，选择立顿就是选择时尚的理念深入人心。

1. 茶叶价值认知

（1）劳动价值论视角下的产品价值决定产品价格。

根据劳动价值论，茶叶的价值由三个部分组成：生产茶叶所产生的建筑物、生产设施的折旧及生产茶叶的原材料成本；用以维持劳动力再生所需消费资料的价值、员工工资、福利、奖励；劳动者所创造的剩余价值（对于茶叶企业而言表现为茶叶企业的利润和税金）。因此。根据劳动价值论可以得到：

茶叶价格=生产成本+开发及流通费用成本+利税（利润与税金）

（2）效用价值论视角下的产品价值决定产品价格。

按效用价值论，茶叶的价值大小取决于其效用和稀缺程度。不同茶叶品种在满足消费者健康、社交等效用上是不一样的。这就可以解释为什么名贵茶叶定价高。根据效用价值论可以得到：

茶叶价格=茶叶自然价值+开发及流通费用成本+利税

（3）劳动价值论和效用价值论共同视角下的产品价值决定产品价格。

根据劳动价值论和效用价值论可以得到：

茶叶价格=生产成本+茶叶自然价值+开发及流通费用成本+利税

2. 茶叶品牌认知

茶叶品牌认知体现的是茶叶产品的附加价值，当茶叶产品的品牌认知形成时，其品牌价值会体现在茶叶产品上。通常情况下，质量、包装等各方面都相同的茶叶产品，形成品牌认知的茶叶产品价格会更高，而用户也更愿意购买。

茶叶品牌则是在市场注册的，而茶叶品牌认知是在消费者心智中形成的，这种消费者心智中的形成过程就是品牌认知的塑造过程。茶叶品牌的好坏、成败，与消费者认知相关联，因此想要建设有生命力的茶叶品牌，一定要在消费者心目中塑造好的品牌认知。

茶叶企业要保证茶叶产品的质量，更要在消费者心目中塑造好的品牌认知。如同小罐茶的“小罐茶，大师作”及陆续的公关、广告营销，就很好地塑造了茶叶的品牌认知。天福茗茶参加过 APEC 的产品、华祥苑的国缤茶，还有各种各样的大师茶，非物质文化遗产传承人的作品茶、获奖茶、比赛茶，以及在茶叶产品包装上标注的古树茶、荒野茶、生态茶、庄园茶、高山茶、特供茶、限量茶、核心产区茶、特殊地域茶、特殊工艺茶、跨界联合出品茶等，这些都从本质上在消费者心目中塑造了好的茶叶品牌认知。

知识储备 2 熟悉茶叶市场需求定价法

茶叶市场供求关系决定茶叶的现实价格。茶叶无论价值大小，都必须拿到市场上进行买卖，其价值和使用价值才能实现。而茶叶在买卖的过程中，其价格不可避免地受到供求关系的影响。市场供大于求时，茶叶价格下降；市场供不应求时，茶叶价格上升。价格上升和下降的幅度取决于市场具体的竞争状况。

1. 茶叶市场需求分析

茶叶市场需求是指在一定时间内和一定价格条件下，消费者对茶叶产品或服务愿意而且能够购买的数量。必须注意，需求与通常的需要是不同的。茶叶市场需求的构成要素有两个：一是消费者愿意购买，即有购买的欲望；二是消费者能够购买，即有支付能力。两者缺一不可。

影响茶叶市场需求的主要因素如下所述。

（1）消费者偏好。在市场上，即使收入相同，但由于每个人的性格和爱好不同，人们对茶叶的偏好也不同。消费者的偏好支配着其在价值相同或相近的茶业产品之间做出选择。但是，人们的偏好不是固定不变的，可能会在一系列因素的作用下慢慢变化。

（2）消费者收入。消费者收入一般是指社会的人均收入。消费者收入的增减是影响茶叶需求的重要因素。一般来说，消费者收入增加，将引起需求增加，反之亦然。随着经济的迅速增长，消费者的收入水平将不断提高，在供给不变或供给增长率低于收入增长率的情况下，一方面会使茶叶价格徐徐上升，另一方面也将引起茶叶产品需求量的增加。

（3）茶叶产品价格。这里是指茶叶产品的自身价格。价格是影响需求的重要因素。一般来说，价格和需求呈反方向变化。

（4）替代品的价格。替代品是指使用价值相近、可以相互替代来满足人们同一需求的商品，如同属性的茶叶产品。一般来说，某一种商品价格提高，消费者就会把需求转到替代品上，从而使替代品的需求增加，被替代品的需求减少，反之亦然。

（5）互补品的价格。互补品是指使用价值必须相互补充才能满足人们某种需求的商品，如茶叶与茶具。两种互补品，其中一种商品价格上升，需求减少，会引起另一种商品的需求随之减少。

（6）预期。预期是人们对于未来某一经济活动的预测和判断。如果消费者预期茶叶价格要上涨，就会提前购买；如果预期茶叶价格将下跌，许多消费者就会推迟购买。

（7）其他因素，如茶叶产品的品种、质量、广告宣传、地理位置，以及季节、国家政策等。其中，影响需求最关键的因素还是茶叶产品本身的价格。

2. 茶叶市场需求定价法

在一般情况下，茶叶需求和价格呈反方向变化，即茶叶产品价格提高，则消费者对它的需求就会减少，反之亦然。这种呈反方向变化的关系就叫需求规律。之所以出现需求规律，是因为茶叶价格的变化具有两种效应。

第一种效应是收入效应。任何商品价格的下降都等同于实际收入的提高，消费者用同样的金钱可以买到更多的这种商品。随着某种商品价格的下降，其购买量就会增加。

第二种效应是替代效应。在两种商品的组合中，当其中一种商品的价格下降时，消费者会增加对这种商品的购买而减少对另一种商品的购买。

收入效应和替代效应的共同作用是使需求和价格呈反方向变化。

茶叶市场需求定价法的关键是预测分析茶叶市场规模的大小及茶叶产品的潜在需求量，具体操作步骤如下。

第一，确定茶叶目标市场。在市场总人数中确定某一细分市场的总人数，此总人数是潜在顾客人数的最大极限，可用来计算未来或潜在的需求量。

第二，确定茶叶地理区域的目标市场。计算出目标市场人数占市场总人数的百分比，再将此百分比乘地理区域的总人数，就可以确定该区域目标市场人数的多寡。

第三，考虑茶叶产品的消费限制条件。考虑茶叶产品是否有某些限制条件导致目标市场人数的减少。

第四，计算每人每年平均购买茶叶产品的数量。根据购买率/购买习惯，即可算出每人每年平均购买茶叶的数量。

第五，计算同类茶叶产品每年的总购买数量。区域内的顾客人数乘每人每年平均购买茶叶的数量就可算出总购买数量。

第六，计算茶叶产品的平均价格。利用一定的定价方法，算出茶叶产品的平均价格。

第七，计算茶叶产品购买的总金额。把第五步所算出的总购买数量乘第六步所算出的茶叶产品的平均价格，即可算出茶叶产品购买的总金额。

第八，计算茶叶企业的销售量。将茶叶企业的市场占有率乘第七步茶叶产品购买的总金额，再根据最近 5 年来公司和竞争者市场占有率的变动情况，做适当的调整，就可以求出茶叶企业的销售量。

第九，需要考虑的其他因素。例如，当经济状况、人口数量、消费者偏好及生活方式等有所改变后，则必须分析其对茶叶产品需求的影响。根据这些信息，客观地调整第八步所获得的数据，即可合理地预测茶叶市场规模的大小及茶叶产品的潜在需求量。

【任务实施】

步骤一： 组建学习任务小组

教师根据学生的学号随机划分学习任务小组，每 5～6 人为一个小组，由小组成员自行选举小组长。

步骤二：任务分工

由小组长组织小组成员对如何完成本项目的学习任务“茶叶需求导向定价”进行充分讨论，从茶叶价值认知定价法和茶叶市场需求定价法两个方面制订完成该学习任务的初步计划，同时小组成员之间做好任务分工。

（1）认识茶叶价值认知定价法，能够说明茶叶价值的基本构成，并根据茶叶价值为茶叶制定合适的价格。

（2）认识茶叶市场需求定价法，能够说明影响茶叶市场需求的相关因素，并根据市场需求为茶叶制定合适的价格。

步骤三：为茶叶价格访谈做准备

（1）制定调查方向，并选取调查对象（茶叶用户、茶叶企业经理、茶叶店老板等）。

（2）设置调查内容（茶叶价值与价格、茶叶供需与价格等）。

根据调查目的，研究调查内容、调查范围等，酝酿访谈的整体构思，将所需要的资料一一列出，确定访谈地点、时间及调查对象。

（3）进行访谈。

（4）整理数据，呈现出结果，然后针对访谈结果展开分析。

步骤四：评价

小组成员完成市场调查和结果分析后，可以先进行自我评价和自我分析，然后由台下其他小组对其进行打分和评价，最后由教师简要点评并总结。评价内容、评价标准及各项目的分值见【任务评价】。

【任务评价】（见附录A）

【任务巩固与案例分析】

一、任务巩固

1．假设你需要为一款绿茶产品定价，想要了解用户对茶叶价值的认知情况，你应如何入手？

分析与提示：这个问题涉及的范围比较广，要求简要回答，你可以结合绿茶的劳动价值、绿茶的效用价值、消费者心理、对茶叶品质和品牌的认知等进行调研，选择一两个角度详细分析。

2．中国绿茶种类众多，分析某款绿茶的市场需求情况与定价策略，并简要介绍一下。

二、案例分析

2021 年各类茶叶价格（茶叶市场变化因素）

绿茶：浙江省杭州市建德市绿茶 220 元/斤，安徽省安庆市岳西县绿茶 210 元/斤，福建省宁德市寿宁县绿茶 380 元/斤，江西省吉安市遂川县绿茶 158 元/斤，山东省泰安市泰山区绿茶 380 元/斤，河南省信阳市浉河区绿茶 234.5 元/斤，湖北省黄冈市英山县绿茶 185.6 元/斤，湖南省长沙市芙蓉区绿茶 265 元/斤。

白茶：浙江省丽水市松阳县白茶 190 元/斤，福建省泉州市安溪县白茶 124 元/斤，湖南省常德市石门县白茶 126.67 元/斤，云南省昆明市呈贡区白茶 149.75 元/斤，广西壮族自治区来宾市金秀瑶族自治县白茶 90 元/斤，广东省江门市新会区白茶 77.67 元/斤，北京市房山区白茶 178 元/斤。

黄茶：浙江省丽水市缙云县黄茶 288 元/斤，云南省昆明市西山区黄茶 157.8 元/斤，安徽省合肥市庐阳区黄芽茶 237.5 元/斤，江西省上饶市横峰县黄芽茶 350 元/斤，湖南省株洲市炎陵县黄芽茶 108 元/斤，浙江省湖州市安吉县黄芽茶 338 元/斤，福建省泉州市安溪县安吉黄金叶茶 350 元/斤。

乌龙茶：福建省三明市大田县乌龙茶 150 元/斤，广东省潮州市饶平县乌龙茶 130 元/斤，浙江省金华市义乌市铁观音 178.97 元/斤，山东省济宁市邹城市铁观音 120 元/斤，广西壮族自治区南宁市邕宁区铁观音 170 元/斤，福建省福州市晋安区大红袍 180 元/斤，广东省揭阳市惠来县大红袍 124 元/斤。

红茶：江苏省无锡市宜兴市红茶 128 元/斤，安徽省黄山市休宁县红茶 138 元/斤，福建省泉州市丰泽区红茶 180 元/斤，山西省忻州市定襄县红茶 85 元/斤，湖南省益阳市安化县红茶 198 元/斤，广东省清远市清新区红茶 150 元/斤，广西壮族自治区贵港市桂平市红茶 188 元/斤，海南省海口市琼山区红茶 188.89 元/斤。

黑茶：湖南省益阳市安化县黑茶 250.88 元/斤，云南省昆明市官渡区黑茶 178 元/斤，青海省西宁市城东区黑茶 388 元/斤，重庆市江北区黑茶 350 元/斤，广西壮族自治区桂林市龙胜各族自治县黑茶 188 元/斤，广东省广州市荔湾区黑茶 84 元/斤，福建省泉州市安溪县黑茶 69 元/斤。

影响茶叶价格的因素有以下几个。

1．原产地

同一种类型的茶叶，价格也会存在较大差异，这主要取决于是不是原产地茶叶。如果当地日照、土壤养分、温度等自然条件符合要求，生长出来的茶叶就好，其他地方的茶叶就很难模仿。原产地茶叶占据了天时、地利，价格自然贵很多。茶友在购买时一定要将原产地和茶叶价格做好比对，一分钱一分货！

2. 采摘时节

采茶共有三个时间段——春、夏、秋。春茶产量少，鲜叶的品质最高；夏茶产量最高，品质一般；秋茶香气比较突出，品质中规中矩。另外，明前茶、雨前茶价格也有区别，有"明前茶贵如金"一说，因其蕴含了整个冬天的精华，自身的营养物质丰富，茶叶丰盈饱满，所以比较珍贵。

3. 采摘嫩度

有全茶芽（金毫、金骏眉）、一芽一叶（正山小种、西湖龙井）、一芽二叶等。芽越多，越嫩，做出来的茶品质越好。

4. 制茶工艺

在生产过程中，有的茶叶需要长时间的渥堆发酵，甚至要经过长时间的仓储才能投入市场，在这个过程中所有的人力、物力都要算在茶叶成本当中。对于那些不需要发酵或者半发酵的茶叶来说，直接投入市场省去了很多中间环节，自然便宜很多。一些特别的茶叶，如手工茶是难以通过机器加工替代的，涉及人工的产品，一般都会比机器批量生产的产品价格更高。

5. 品牌

我国有十大名茶，为什么有很多人推崇名茶，除茶叶的品质好以外，还有品牌溢价的因素。品牌不仅能使产品卖出更高的价格，还可以避免单纯的价格竞争，保持产品价格的稳定性。

通过阅读以上茶叶市场价格的案例，关于茶叶需求导向定价分析，你受到了什么启发？

任务 4.3 茶叶生命周期导向定价

【任务分析】

无论产品的品牌、样式风格如何千变万化，市场总是逐渐演变的。一个产品从产生开始，到逐渐被一小部分顾客接受，然后被大部分顾客接受，最后到被更能满足顾客的新产品代替而步入"死亡"。在产品生命周期的不同阶段，相关成本、购买者的价格敏感性和竞争者的行为是不断变化的。因此，定价策略要符合时宜、要具有有效性。

【任务目标】

知识目标	1. 了解茶叶新品定价方式 2. 了解茶叶成熟产品定价方式 3. 熟悉茶叶过季产品定价方式
技能目标	能够简单分析茶叶生命周期不同阶段的定价方式，学会确定茶叶在不同阶段的价格
素质目标	1. 能够在"互联网+"背景下了解茶叶产品生命周期情况，培养"互联网+"时代下的职业价值观和职业道德素养 2. 树立风险防范意识和正确的金钱观，增强职业道德感

【任务知识储备】

知识储备 1 认识茶叶新品定价

茶叶新品即处于导入期的茶叶产品，茶叶企业生产的茶叶新品刚投入市场，这时茶叶新品的销售量很低，需要大量的促销费用，且茶叶新品的生产量不高，产品处于还需要进一步完善的阶段。

1. 茶叶新品的特性

在导入期，茶叶新品初涉市场，在技术性能上较老产品有明显优势，而在企业投入上却存在批量小、成本大、宣传费等期间费用高的劣势，此时要考虑企业自身的竞争实力和茶叶新品的科技含量。若茶叶新品具有高品质且不易被模仿的特点，则可选择撇脂定价策略，即高价策略，使产品打入市场，迅速收回投资成本；若茶叶新品的需求弹性较大，低价可大大增加销售量，则可选择低价薄利多销的价格策略，使产品打入市场，迅速抢占市场份额，以扩大销售量达到增加利润总额的目的。

茶叶新品是新的、独特的、顾客从未体验过的产品。在市场开发期，最重要的是向顾客介绍产品，让大家认识到产品的优势，把它作为满足自己需求的一种选择。茶叶新品要获得成功，需要茶叶企业向购买者进行介绍。茶叶新品营销工作的关键是找到最先尝试新产品的“革新者”，尽一切努力确保他们对产品持肯定态度。

2. 茶叶新品定价

在导入期，由于消费者不了解情况，茶叶企业在生产技术上还存在一些问题，茶叶新品的生产成本一般较高。

因此，茶叶企业应采取如下价格策略。

（1）确定定价目标，即争取迅速收回投资。争取迅速收回投资是指企业对茶叶新品所投入的资本，希望能在一定时期内尽快回收。

（2）确定以成本为中心的定价方法，即完全成本导向定价法。完全成本导向定价法是将产品的完全成本加上一定的利润和税金，除以产品产量，以求得单位产品价格的一种方法。用这种方法确定的茶叶新品价格比较简单，若产品得以销售，可弥补全部劳动消耗，且能获得预期收益。但在使用这种定价方法时，企业个别成本的大小决定着产品价格的高低。当企业个别成本高于社会平均成本时，产品价格就很高，此时要求企业产品的功效必须优于市场中的同类产品；当企业个别成本低于社会平均成本时，产品价格就很低，企业可适当提高产品的价格。

（3）制定定价策略。在产品导入期，企业通常可采用两种基本定价策略：撇脂定价策略和渗透定价策略。

撇脂定价策略，也称为撇脂定价法，又称高价法，即将茶叶新品的价格定得较高，尽可能在茶叶新品导入期，在竞争者研制出相似的茶叶产品以前，尽快地收回投资，并且取得一定的利润。然后随着时间的推移，逐步降低价格使茶叶新品进入弹性大的市场。一般而言，对于全新茶叶产品、受专利保护的茶叶产品、需求的价格弹性小的茶叶产品、流行茶叶产品、未来市场形势难以预测的茶叶产品等，可以采用撇脂定价策略。

渗透定价策略又称薄利多销策略，即最初设定低价，以便迅速和深入地进入市场，从而快速吸引大量的购买者，赢得较大的市场份额。较高的销售额能够降低成本，从而使企业能够进一步降低价格。企业在茶叶新品上市初期，利用消费者"求廉"的消费心理，有意将价格定得很低，使茶叶新品以物美价廉的形象吸引顾客、占领市场，以谋取远期的稳定利润。采用渗透定价策略的适宜条件包括市场需求弹性大、价格战的概率低、规模经济；适宜定价区间是指在高低价之间为合理价格。这种定价策略的优势：企业更易收回投资和获利，消费者也更易接受。

知识储备 2　了解茶叶成熟产品定价

茶叶成熟产品，即处于成长期和成熟期的茶叶产品。茶叶产品进入市场后已经被消费者熟悉，大量顾客开始购买，市场开始逐渐扩大，茶叶产品的销售额呈现增长趋势，直至市场饱和。

1. 茶叶成熟产品的特性

在成长期，茶叶产品销量增加，市场竞争加剧，产品的性价比仍然保持优势，企业可以根据自身的规模和市场的知名度选择定价策略。规模大的知名企业可选择略有提高的价格策略，继续获取高额利润，而规模较小的企业则要考虑由市场进入者带来的竞争风险，应以实现预期利润为目标，选择目标价格策略。在成熟期，市场需求趋于饱和，市场竞争趋于白热化，企业面临的是价格战的威胁，企业在此阶段应选择竞争价格策略，即采用降价的方法达到抑制竞争、保持销量的目的。

一旦一个产品在市场上有了立足点，定价问题就开始发生变化。顾客可以根据以前的经验来判断产品价值或参考革新者的意见。顾客的注意力不再单纯停留在产品效用上，开始精打细算地比较不同品牌产品的成本和特性。如果不考虑产品战略，那么成长期和成熟期的价格最好比导入期的价格低。

2. 成长期定价

产品经过导入期进入成长期，说明其已被广大顾客所接受。因此，产品的销售量与利润在迅速增长，新的竞争者开始进入市场。此时，企业应采取如下价格策略。

（1）确定定价的目标，即提高市场占有率。因为市场占有率是企业经营状况和产品竞争能力的综合反映。在成长期，产品销售量增长速度较快，只有提高市场占有率，才有可能改善企业的竞争地位，有助于企业获得长期最大利润。

（2）确定以需求为中心的定价方法，即目标利润定价法。目标利润定价法是指以预测销售量的总成本为基础，加上企业确定的目标利润，计算出实现目标利润的销售收入，再根据销售收入计算出单位产品的售价。在使用这种方法时，总成本是按预测销售量确定的，只要预测较为准确，总成本也就较为准确。但如果预测销售量过低，而目标利润不变，对消费者是不利的，可能会因为消费者的抵制而实现不了目标利润。

（3）制定定价策略。企业在基本定价的基础上，为实现定价目标，可采取的价格策略有以下几种。

① 快速渗透定价策略。它是为进入市场的新产品争夺市场份额的，价格定得相对较低，以高促销方式，尽快提高销售量和市场占有率。采用快速渗透定价策略的适宜条件：潜在市场大、需求价格弹性大。在这种情况下，快速渗透定价策略有很大的竞争优势。

② 以控制市场份额为导向、缓慢渗透的价格策略。这种策略是在较长的时间内，采用较低的价格进入市场，以便取得一部分市场份额，进而达到长期控制市场的目的。

③ 需求导向定价策略。这种策略首先考虑的不是成本，而是消费者对价格的接受程度。按需求强度定价，需求强，取高价；需求弱，取低价；或在定高价与定低价之间进行比较，选择一个最佳的价格，以使企业既占有一定的市场份额，又能获得一定的利润。消费者对价格的接受程度可以通过试销和预测来确定。

3. 成熟期定价

在成熟期，企业产品已被大多数潜在顾客接受，销售增长速度缓慢，最终停止增长，价格水平相对稳定，利润达到最高峰，并开始下降，竞争激烈。企业可采取的价格策略具体如下。

（1）确定定价的目标。企业形象是企业的无形资产，为维护企业形象，确定定价时先要考虑价格水平是否与目标顾客的需求相符合，是否有利于企业整体策略的实施，必须保持质量优先。

（2）确定以竞争为中心的定价方法，即盈亏平衡点定价法。它是企业在一定产量（或销售量）的条件下，已知固定费用的开支和单位变动成本，计算出盈亏平衡点价格的方法。以盈亏平衡点时的价格为界限，销售价格高于此点时企业盈利，反之企业亏损。

（3）制定定价策略。为达到定价的目标，在基本定价基础上，企业可采取的定价策略具体如下。

① 竞争导向定价策略。这一策略是指在企业制定产品价格时，主要着眼于市场竞争，或者说定价是以竞争者的价格为基础的。在一定条件下，企业可以制定较竞争者的价格低或高的价格，以达到增加利润、提高销售量或提高市场占有率的目的。竞争导向定价策略的特点在于企业的定价并不与成本或需求相联系，成本和需求可能发生变化，但只要竞争者的价格不变，企业仍维持原价不变，当竞争者改变价格时，企业也要改变其价格。

② 产品组合导向定价策略。它是通过协调不同产品的价格来扩大销售、提高效益、塑造企业或产品形象的定价策略。

知识储备3 熟悉茶叶过季产品定价

茶叶过季产品即处于衰退期的茶叶产品。在衰退期，有新的产品替代原来的产品，顾客的消费习惯发生改变，转向其他产品，从而使原来产品的销售额和利润迅速下降。

1. 茶叶过季产品的特性

在衰退期，产品面临被更优品质、更高性能的新型产品取代的风险，因而企业选择定价策略的指导思想是尽快销售，避免积压。企业可选择小幅逐渐降价、平稳过渡的价格策略，同时辅之以非价格手段，如馈赠、奖励等促销方式，最大限度地保护企业的利润不受损失；若产品技术更新要求高，则企业可选择一次性大幅降价策略，迅速退出市场，但在运用降价策略时要注意是否有损于企业形象。

需求急剧下降可能具有地区性，也可能是整个行业性的；可能是暂时的，也可能是永久的。在市场衰退期一般有三种战略可供选择：紧缩战略、收割战略和巩固战略。

（1）紧缩战略意味着全部或部分地放弃一些细分市场，将资源重新集中于企业更有优势的市场。紧缩战略是经过精心规划和执行的战略，它将企业置于更有利的竞争地位，并不是为了避免企业瓦解而不得已采取的办法。紧缩战略的实质是把资金从企业薄弱的市场上撤出来，以投入企业具有优势的市场。

（2）收割战略意味着逐步退出行业，最终完全退出。

（3）巩固战略意味着在衰退期加强竞争优势以从中获益。这种战略仅适用于那些财力雄厚的企业。成功的巩固战略能使企业在危机后重新组合，在缺乏竞争的行业中获利。

即使是在生命周期最糟糕的阶段，企业仍可改进战略的选择。不过这种选择不是随意的，它取决于企业执行战略并在竞争中取胜的能力，且要求企业能预见未来、合理规划。

2. 茶叶过季产品定价

进入衰退期后，产品开始老化和过时，销售量有明显下降趋势，转入更新换代阶段。不同的产品，其下降的趋势差异很大，有些缓慢下降，持续较长时间；有些迅速下降，短期内就趋于很低的水平或者完全退出市场。在这一阶段企业的利润迅速减少，有些企业甚至出现亏损。这一阶段应采取的价格策略具体如下。

（1）确定定价的目标，即维持企业茶叶产品的生存。有些企业由于经营不善或其他原因，造成产品大量积压，资金周转不灵，濒临破产，在这种情况下，定价应采取低价。

（2）确定以推迟衰退期为中心的定价方法，即边际贡献法。这种定价方法是指售价与变动成本之间存在一定的差额。有此差额，企业就可能收回固定成本并获取净利润，价格以变动成本为基准，只要售价高于变动成本，有边际贡献即可出售。这种定价方法以能迅速清出积压、减少企业亏损、不错过有利市场机会为准则。

（3）制定定价策略，即削价。这里是指针对茶叶产品的正常价格进行削价。削价要明确标出，如在包装上标明。典型的削价范围是正常价格的 10%～25%，或更大的比例。这是一种对消费者的短期刺激，目的是扭转销售量下降的趋势或吸引试用者。

【任务实施】

步骤一：组建学习任务小组

教师根据学生的学号随机划分学习任务小组，每5～6人为一个小组，由小组成员自行选举小组长。

步骤二：任务分工

由小组长组织小组成员对如何完成本项目的学习任务“茶叶生命周期导向定价”进行充分讨论，从茶叶导入期、成长期、成熟期、衰退期等方面制订完成该学习任务的初步计划，同时小组成员之间做好任务分工。

（1）认识茶叶产品的导入期特点，为茶叶新品制定合适的价格。

（2）认识茶叶产品的成长期和成熟期特点，为茶叶成熟产品制定合适的价格。

（3）认识茶叶产品的衰退期特点，为茶叶过季产品制定合适的价格。

步骤三：为茶叶市场问卷调查做准备

（1）制定调查方向（茶叶产品的发展阶段），并选取调查对象。

（2）设置访谈内容（茶叶产品进入市场的时间、营销情况、价格情况等）。

根据调查目的，研究访谈内容，酝酿访谈的整体构思，将所需要的资料一一列出，确定访谈地点、时间及访谈对象。

（3）进行访谈。

（4）整理数据，呈现出结果，然后针对访谈结果展开分析。

步骤四：评价

小组成员完成访谈和结果分析后，可以先进行自我评价和自我分析，然后由台下其他小组对其进行打分和评价，最后由教师简要点评并总结。评价内容、评价标准及各项目的分值见【任务评价】。

【任务评价】（见附录A）

【任务巩固与案例分析】

一、任务巩固

1．假设你负责销售一款已经打开市场的茶叶成熟产品，你该如何制定产品价格？

分析与提示：这个问题涉及的范围比较广，要求简要回答，你可以结合成长期和成熟期产品的特性、成长期和成熟期的定价策略进行详细分析。

2．假设你负责销售一款衰退的茶叶过季产品，你该如何制定产品价格？

分析与提示：这个问题涉及的范围比较广，要求简要回答，你可以结合衰退期产品的特性、衰退期的定价策略进行详细分析。

二、案例分析

1．喜茶降价分析

"喜茶告别30元"话题曾冲上微博热搜。喜茶自2022年1月以来就进行了全面产品调价，宣布2022年不再推出29元以上的新品，并且承诺现有产品在2022年内绝不涨价。同时，在产品用料和品质都不改变的前提下，调价后喜茶主流门店的产品价格已全面低于30元。目前，售价在15~25元的产品已占据喜茶全部产品的60%以上。而喜茶之所以选择降价，和大环境是分不开的。中国连锁经营协会发布的《2021新茶饮研究报告》显示，2021年新茶饮市场增速从2020年的26.1%放缓至19%。新茶饮市场正在经历阶段性放缓，在新冠肺炎疫情冲击下超过70%的茶饮新品牌无法支撑超过20个月。可以看出，目前奶茶行业的增速放缓，而同时平替品牌的规模和头部品牌的规模正在无限接近，在这种情况下，降价或许是新茶饮头部品牌自我迭代的一种主动进击行为。

其实，对比已经上市的奈雪的茶2021年业绩亏损一亿元可以看出，头部品牌的晋升空间有限，那么想要扩大收入规模和顾客人群，或许下沉市场是一个不错的选择，而喜茶首先降价打响了头部品牌及腰部品牌的价格战。喜茶选择下沉市场其实并不突然，随着新茶饮行业从高速扩张期进入存量阶段，低毛利反而能刺激其自身的供应链及运营率。如今，茶饮业竞争激烈、"内卷"严重。近几年，茶饮业的规模迅速增长，茶饮品牌更是大肆扩张，风口红利引来了不少竞争者，就连五菱汽车都开了饮品店。而在成本上涨的大环境下，有品牌加持和供应链优势的头部品牌打响了价格战，腰部品牌也不得不应战，可见头部品牌抢占市场的决心。

据久谦咨询中台数据显示，截至2021年第三季度，喜茶门店的数量突破800家，达到835家，其中大部分集中于一二线城市。但急速扩张之后，喜茶却面临着发展降速、进入瓶颈期的现状。

从2021年7月起，喜茶在全国范围内的坪效与店均收入开始下滑。10月，喜茶店均收入与销售量与7月相比分别下滑了19%、18%。有人分析，在整体的茶饮市场增长不够、一二线市场饱和的情况下，喜茶只能向中低端市场进发。用降价来侵蚀中端市场，寻找更大的增长空间，成了喜茶顺理成章的选择。

2. 八马茶业的价格策略分析

八马茶业的产品实行明码标价，方便消费者选择产品。产品价格实行全国统一价格，从不打折促销。其产品定位于高端产品，定价注重客户的利益，体现最优的性价比。同时，其根据不同客户对价格、质量要求的不同，实行差别定价。

以消费者对产品价值的理解为依据制定价格的方法叫作觉察价值定价法，也叫理解价值定价法。影响消费者对茶叶价值判断的因素包含消费者对茶叶口味的偏好、对包装的知觉和包装所传递信息的认同、对企业和品牌的质量及价值评价，甚至还包括消费者对产品所包含的文化内涵和社会意义的理解。对产品价值的理解不同，消费者就会形成不同的价值判断。价格低于价值的，是高价值或优质产品；价格和价值相等的是等值产品。而消费者选择的一般为“值”钱的产品。

八马茶业推出了差异化茶叶产品，如针对女士推出的减肥茶、针对吸烟男士推出的清肺茶。虽然市面上与减肥茶类似的产品很多，但八马茶业的茶叶取自天然、应用正宗传统工艺加工、产品绿色，被消费者认可。针对供给量较少的上等和极品茶叶，如冠天下、赛珍珠、福禄系列茶，消费者的需求远远大于供给。这些茶叶应该采取高定价策略，根据产量、味道和消费者的偏好制定较高或更高的价格。这不仅体现了上等茶叶应有的价值，也给消费者以深刻的社会满足感。

以不同时间、地点、商品及不同消费者的消费需求强度差异为定价的基本依据的方法叫作需求差异定价法。这种定价方法会给茶叶消费者带来市场混乱的感觉，还会降低品牌信誉，不适合八马茶业。八马茶业可以在不同时间、地点采取销售不同产品的方法变相完成需求差异定价法。例如，在机场的专卖店，可以多摆放高价茶叶，少摆低价茶叶，甚至不摆。这样，既赚取了利润，又使消费者更容易接受。

保持当前中高利润的定价方法。以产品单位成本为基本依据，再加上预期利润来确定价格的成本导向定价法，是中外企业最常用、最基本的定价方法。

严格执行全国各专卖店相同茶叶相同价格。这不仅有利于展示八马茶业的实力和强大的品牌形象，避免因区别定价导致的各直营店和加盟店价格不统一的现象，而且可以增强客户的购买信心，增强客户对八马茶业品牌和产品的信任，形成品牌效应。

比照竞争对手，制定优质价格。竞争对手的茶叶定价特别是天福公司和安溪铁观音集团这两家的成本和价格，在一定程度上影响了八马茶业产品在市场上的价格。

通过产品组合定价，打造整体竞争优势。八马茶业的产品较多，在定价过程中，要兼顾不同产品在产品系列中的不同角色，制定高低不等的价格，从而整合各产品的竞争力，打造"茶叶航母战斗群"，最大限度地提高产品整体竞争力。清香铁观音中的鲜韵系列和抢新系列，浓香铁观音中的经典系列和浓香简易装系列，价格为40～280元，是公司最大的销售收入来源。

为同档次不同口味的产品统一定价。现在已经销售的品韵系列，包含清香铁观音、浓香铁观音等多个品种，都是每100克100元的售价。福禄系列的多个品种，都是每150克3000元的售价。八马茶业对新设计的各种新口味系列茶饮，还有功能系列茶，都进行了统一售价。

灵活、弹性制定互补品价格。八马茶业将茶具和茶食品作为茶叶的互补品销售，能够充分发挥茶具和茶食品的使用价值，提高销售额和销售利润。

通过阅读以上喜茶降价分析和八马茶业的价格策略分析案例，关于茶叶生命周期导向定价分析，你受到了什么启发？

【素质园地：唯有热爱，不负担当】

爱岗敬业，从平凡到伟大

"最美医务工作者""最美公务员""最美志愿者""最美铁路人"……一段时间以来，"最美"成为互联网上的热词。一个个"最美"人物，犹如一颗颗璀璨的明珠，辉映在各条战线。他们以精彩的故事、不凡的业绩，展现了砥砺奋进的姿态、绚丽出彩的人生，生动诠释了令人感佩的敬业精神。

爱岗敬业是劳模精神的重要内涵。中华人民共和国的宏伟大厦是由一个个行业、一个个岗位的"砖瓦"筑就的。立足平凡岗位、人人争先创优，"百职如是，各举其业"，方能众志成城、集聚众力。三百六十行，倘若每个人都能立足平凡岗位，齐心敬业、履职尽责、勤勉奉献，我们就能汇聚起强大的正能量，为社会主义现代化事业注入蓬勃生机与活力。正因如此，敬业精神既关乎个人的成长成才，又关乎国家的兴盛、民族的复兴。奋进新征程，我们应该怎样以行动诠释敬业精神？从某种意义上讲，敬业之道蕴含爱业、勤业、精业之精神，值得我们为之践行。

敬业，首在爱业。对本职工作的热爱，是一种朴素的职业情感。爱之愈深，则敬之愈真。爱岗，彰显的是乐业，展现的是执着。具有这样的职业观，我们就会自觉把工作当事业干，将小我融进大我，在小舞台上演出大戏剧。从奋战在脱贫攻坚一线的驻村书记，到无惧风险、完成特高压带电作业的"禁区勇士"……那些"最美"人物，他们皆是干一行爱一行的榜样，把本职工作做到了极致，达到了"山登绝顶我为峰"的境界。事实证明，具有"专心致志，以事其业"，才能在平淡中见奇、在寻常中出彩，在新时代的大舞台上绽放个人梦想之花。

敬业，要在勤业。"业精于勤，荒于嬉"，立足本职岗位勤勉工作，是一种职业操守、职业品格。勤劳、勤勉、勤恳，意味着务实奋斗。事业的成功不是等来、喊来的，而是拼出来、干出来的。无论从事何种职业，都需要用奋斗铸就“最美”，以拼搏实现理想。获评全国“最美公务员”的浙江“90 后”科技警察钟毅，为了跟新冠肺炎疫情赛跑，争分夺秒攻关，使“健康码”成功投入抗疫，并迅速推广到全国。唯拼搏者不凡，唯实干者出彩，唯奋斗者英勇。一勤天下无难事，勤勉奋斗谱写最美壮歌。

敬业，还需精业。精通业务，体现了职业上的价值追求。在科技日新月异、竞争日趋激烈的今天，我们应当努力求精通、谋创新、出精品。这需要“择一事终一生”的倾心专注，“偏毫厘不敢安”的一丝不苟，“千万锤成一器”的坚持不懈。各行各业的“最美”人物，往往都追求卓越、业务精进。全国劳模、“最美职工”潘从明能从铜镍冶炼的废渣中提取 8 种以上稀贵金属，只看溶液颜色便能精确判断 99.99%的产品纯度。他获得国家科技进步奖的背后，是数十年如一日“找难题、啃难点、攻难关”的呕心沥血。经验表明，在精益求精的道路上，只有坚韧不拔的勇者，才能登上风光无限的顶峰。

如果说事业是航船，敬业就如同风帆。敬业笃行，推进人生实现从平凡到伟大、从优秀到卓越。当代大学生担负着建设祖国的伟大使命，我们应该激扬敬业精神，扬帆远航、乘风破浪，从而抵达梦想的彼岸。

项目 5 “互联网+”茶叶品牌传播

八马茶业源于百年前名扬东南亚的信记茶行，创立于1993年，是一家集基地种植、新品研发、生产加工和内销外销于一体的全产业链、全茶类大型连锁经营企业，其中以自产铁观音为核心茶类，明星产品为赛珍珠铁观音系列，同时经营绿茶、红茶、白茶等各类茶叶产品，以及茶具、茶食品等。八马茶业是目前中国最大的铁观音生产商和销售商，有中国“铁观音第一股”之称。八马茶业的产品市场定位相对清晰——商政礼节茶，作为礼品的高端茶，主要以中产以上为目标消费群。

在“互联网+”背景下，八马茶业将传统媒体与新媒体营销渠道相结合，实现品牌传播。在传统媒体方面，八马茶叶在户外广告、报纸、杂志、电视等方面不断加大宣传力度：精美的广告牌上，著名演员高贵典雅的气质与八马茶业的品牌形象十分契合，获得了较高的关注；八马茶业通过《海西晨报》《海峡都市报》《深圳商报》等众多报纸进行宣传，扩大了品牌受众，增强了消费者的品牌信心；电视是能够进行动态演示的感情型媒体，八马茶业制作的宣传片冲击力、感染力特别强。在新媒体方面，八马茶业早在2000年就创建了其官方网站，通过桌面视窗向受众传播品牌。2010年，八马茶业首次“触网”建设网络平台，展示企业历史文化、品牌文化、产品及实时动态；企业微博平台利用自身庞大的用户信息数据库进行深度分析，根据用户注册的信息、发布的信息、引擎搜索痕迹，有针对性地向其实时投放精准的企业品牌广告信息，引起网友关注，锁住网友的关注焦点，引发网友兴趣；八马茶业通过建立微信公众号，将企业文化以网络媒体为载体，以文章、视频的形式，进行宣扬和传播，展示茶叶的魅力，提高用户黏性。这些方式提高了八马茶业的茶叶销量，达到了品牌广泛传播的目的。

八马茶业所选择的品牌标识中的“马”为大师徐悲鸿所作，在借助艺术提升品牌历史文化底蕴的同时，也使消费者和企业在品位修养方面产生了共鸣，传递了企业的核心价值，蕴含了对消费者祝以马到成功的美好之意，同时该载体具有广泛的认知，易于大众传播。八马茶业以“商政礼节茶”为品牌定位、以“大礼不言”为核心广告语、“茶到礼到心意到，有情有义有八马”为注解语。准确的品牌定位、唯美的广告，通过中文国际频道、广东电视台等电视媒体的传播诠释着八马茶业尊贵又平实、经典又时尚的品牌形象，令业界和广大爱茶人士为之倾倒。

八马茶业拥有强大的线下连锁经营能力：一方面，在全国设立的直营与加盟连锁经营门店共计超过2000家，除西藏外，覆盖华南、华东、华北等地区；另一方面，公司入驻众多国内知名连锁超市及一线购物广场，整体上具有跨区域经营、全茶类渗透的特点。通过众多标准化的终端形象店（包含商场店、超市店、沿街店、社区店）无声却深入人心的品牌展示，八马茶业获得了良好的广告宣传效果，大大提升了品牌美誉度，为品牌传播奠定了坚实基础。“礼迎天下”是八马茶业终端形象店的设计理念，店面的主形象墙是闪闪发光的仪仗马，它平衡了包装的精致与室内装饰的简约。旗舰店、专卖店和专柜统一使用特制的展示家具，既具有一致性，又便于运输和商品陈列。店面设计体现了品牌形象的低调华丽，现代中式的风格成功摆脱了传统茶叶店面的陈旧烦冗，品牌符号的延展在店面空间中得到了体现。总部根据营销策略规划提供店面装修设计整套的规范，统一的视觉形象进一步提升了八马茶业的品牌形象。标准化的终端形象店为八马茶业的口碑宣传奠定了良好的基础。消费者在看到和享受到八马茶业高端的服务后，很难不为之赞叹。

“互联网+”背景下的茶叶品牌传播是茶叶企业通过一切方法，将茶叶品牌的元素或信息传递给消费者，在消费者与茶叶品牌之间建立起良好的关系，使消费者认知茶叶品牌，并最终对茶叶品牌形成偏好的过程。本项目分为三个任务：一是茶叶的销量型品牌传播；二是茶叶的文化型品牌传播；三是茶叶的口碑型品牌传播。

任务 5.1 茶叶的销量型品牌传播

【任务分析】

在互联网时代，茶叶企业要实现快速发展，就要跟上时代的步伐，让茶叶插上“互联网+”的翅膀，提升茶叶在电商平台的销量，实现茶叶的品牌传播，进而实现茶叶企业的快速发展。

【任务目标】

知识目标	1. 了解电商平台的茶叶销量提升 2. 熟悉借助茶叶电商的品牌传播方式
技能目标	1. 能够简单分析电商平台的茶叶销量提升情况，并针对电商营销渠道提出营销思路和策略 2. 能够简单阐述电商渠道的品牌传播作用，并提出茶叶电商营销与品牌传播策略
素质目标	1. 能够在“互联网+”背景下了解茶叶在电商平台的营销观念，培养诚信营销的职业价值观 2. 爱岗敬业、诚信友善，提高职业道德

【任务知识储备】

知识储备 1 了解电商平台的茶叶销量提升

随着我国人民生活水平的提高及电商的快速发展，人们越来越重视健康。茶叶作为世界三大无酒精饮料之一，因其独特的品质风味和保健功效，在全球市场上占有重要的经济地位。茶叶市场的前景广阔，茶叶电商营销较传统销售模式覆盖的人群更广，因此发展茶叶电商营销对深入挖掘茶叶市场潜力具有重要意义。

1. 茶叶电商营销常态化

茶树是我国南方的重要经济作物，栽种面积与茶叶产量稳居世界首位。饮茶是我国的重要文化习俗和部分地区的生活习俗之一，近几年我国茶叶销售量持续上升。从销售数据来看，内销依然是我国茶叶产业经济增长的主要动力源；从茶类结构来看，名优茶仍是创造茶叶产业价值的主力军，内销额贡献率不低于 70%；从销售通路来看，电商销售份额持续扩大；从消费市场来看，饮茶人口数量与消费需求量的增速远低于供给侧增速，消费提振、产业营销为大势所趋。

茶叶电商营销模式主要包括公司自营网站、茶叶行业门户网站，以及电商交易平台的营销。现阶段，茶叶电商营销的主要渠道是综合性电商平台，如淘宝、天猫、京东、苏宁易购、亚马逊等。目前，在茶叶类商店中，约有 53 万种商品在线销售。茶叶电商平台销售（见图 5-1）交易直观简单，为广大消费者所熟悉。

图 5-1 茶叶电商平台销售

电商已然成为一种常态化的生活方式，跟我们的生活息息相关。目前，虽然茶叶电商营销交易额占茶叶总销售额的比例不算太高，但所占比值近年来呈总体上升趋势。茶叶实体店往往需要支付昂贵的租赁费用，而电商的销售成本低，省去了店面租金成本、人力成本。基于互联网的透明性，电商销售的性价比更高。茶叶电商还具有传播速度快的明显优势。与线下销售相比，电商销售拥有无可比拟的优越性。

2. 弥补空白，渠道优势渐显

茶叶企业不仅在传统门店预售，还纷纷拓展线上渠道，填补无店铺区域的销售空白。

在春茶正式上市之前，北京老字号吴裕泰的多款春茶产品已经在品牌微商城销售。据了解，吴裕泰微商城上线以来，线上订单的比例逐渐增长。与此同时，门店建立了微信社群，并通过微信社群第一时间发布产品信息，将店内茶叶产品销往全国各地。消费者在吴裕泰微商城下单购买春茶产品后，可以到店自取或选择邮寄到家，满足了都市人群快节奏的消费需求。

八马茶业、小罐茶等茶叶企业均早已尝试线上销售。相关数据显示，2020 年“6·18”期间，小罐茶在京东渠道的单日成交额同比增长 1107% ，爆款单品成交额同比增长 10 600%。2021 年，京东春茶节，龙井相关产品的销量环比提升近 400%。单价 10 000 元档位的高端西湖龙井预订量占比达到 18%，同比增加了 12%。

值得注意的是，随着短视频内容宣传热度的提升，短视频博主也在春茶消费期加强了对春茶的宣传，以西湖龙井为代表的春茶知名度日渐增长。其中，在抖音平台中，“龙井”话题相关的视频播放量超 4534 万次，与“春天从一杯绿茶开始”话题相关的视频播放量超 1725 万次，一条信阳毛尖春茶开采的短视频在抖音的热度值达 254 万。

3. 预见风口，加注文化传播

在与京东合作后，很多茶叶企业都看好线上发展。这些企业认为，电商能够带来很多意外的惊喜，从茶叶产业来看，线上和线下是两种完全不同的营销模式。电商的营销思路是全新的，且无法在线下渠道进行复制；电商的行动力更加高效，以推新品为例，可以在少量生产后试探市场，较快得到市场反馈。企业可以根据较为精准的市场反馈情况及时调整运营方向，既可以快速大量投产，又能及时止损。

对于茶叶企业“触网”的发展，商业流通专家、北京工商大学教授洪涛认为，随着电商消费逐渐品质化，茶叶消费者在线上渠道也实现了一次消费升级。茶叶企业对电商愈发重视，这种情形也对产品品质化、创新性提出新的要求。中国有几千年的茶历史，当下却没有可以带领市场的头部茶叶企业，这也是由国内茶叶品种繁多、产品同质化严重、加工方式传统等问题导致的。随着线上消费品质化，茶叶企业可以尝试营销茶文化、茶品牌，去掉价格战的“包袱”。

另外，洪涛建议，茶叶企业应该将电商直播变为茶文化的传播渠道，而非纯粹的销售渠道。茶叶市场应该通过建立品牌影响，打破行业无头部企业的现状。

独立经济学家王赤坤同样认为，茶叶的产地属性及传统因素使茶叶种植和经营参照传统农业管理模式，使行业难以出现头部领军企业，但会出现全国性头部产业带或头部地理标识产业。例如，云南普洱、武夷山大红袍、河南信阳毛尖等具有地方特色的产业带和地理标识已经率先突围。

茶叶属于消费升级的品类，目前正处于成长阶段，在电商的带动下，行业供给规模在不断扩大且毛利水平较高，投资认可度逐步攀升。虽然市场中存在一些不规范的行为，但政策对茶叶产业趋向于鼓励，在市场规模持续增量的过程中，行业门槛将进一步建立。

知识储备 2　熟悉借助茶叶电商的品牌传播方式

互联网时代的到来促进了电商平台的发展，茶叶借助电商平台的品牌传播势必要结合互联网的传播特点，根据茶叶用户的不同需求，选择最适合的方式，实现对受众的全面覆盖及最佳传播效果。

1. 促进茶叶电商营销与品牌传播的对策

电商的发展为茶叶市场的拓展带来了新的机遇。我国茶叶企业需牢牢抓住机遇，多措并举，逐步提高市场竞争力。为此，我们提出以下几点促进我国茶叶电商营销与品牌传播的对策。

（1）注重产品质量，制定统一生产标准。

茶叶品质是影响茶叶销量的重要因素。以往的茶叶产业受小农经济思想的影响，无法进行统一生产标准的规模化生产。而产业规模化不仅可以有效降低成本，还可以通过统一生产标准提高茶叶种植和生产的质量，开拓全方位销售渠道，形成科学的种植加工规范，增强市场竞争力。同时，销售的茶叶要制定统一的标准，统一茶叶外形、滋味香气、含水量等标准，严格规范和检验茶叶，保证茶叶的质量。

（2）打造茶叶品牌，使营销模式可视化、多样化。

中国茶叶市场缺少品牌经营理念，消费者在进行茶叶消费时缺乏品牌意识。面对激烈的市场竞争，茶叶企业应注重品牌塑造，通过提升品牌形象维持老顾客的青睐，并获得更多的新顾客。此外，茶叶企业应通过开拓多种电商营销模式，包括手机终端营销、网络视频营销、网络自媒体营销等，达到预期营销效果，以创新性较强的模式占领茶叶电商营销空间。

（3）用好大数据，优化茶叶营销层级。

大数据对消费者的喜好进行了精准的定位，为茶叶企业的层级营销模式提供了更为细致的发展方向，使茶叶企业获得了关于某些消费者的相关喜好信息。营销层级的优化是茶叶企业探寻发展之路的重要一步。优化营销层级可以为企业锁定更多的消费群体，提高消费者的购买率、好感度及忠诚度。

（4）推广茶文化，强调产品特色与功能化。

茶叶企业可以通过各种渠道推广茶文化，吸引更多消费者对茶叶的关注，如学习茶艺、采茶、制茶，以及学会品茶等，还可以将中国传统文化元素运用在茶叶包装上，通过文字和传统图案，融合中国悠久的饮茶文化，以吸引消费者。这样既可以促进消费，又可以对茶叶企业和茶文化进行宣传。同时，结合当地产品特色和功能，如产地优良的生态环境，绿色、健康的产品，从消费者需求出发销售茶叶产品，在实现茶文化推广的同时，提高产品知名度。

2. 茶叶电商营销与品牌传播方式

电商营销离不开社会货币、扳机营销、情感营销、公共营销（热点营销）、实用性营销和故事营销等营销方式。借助于互联网思维，这六种营销方式得到了更大、更快、更优的发展，具体情况如表 5-1 所示。

表 5-1 电商营销方式

电商营销	方式
社会货币	发布新产品或者推广老产品时，推广方案要注意契合顾客购买心理并提高准顾客的参与度，做到对茶叶这一社会货币的良性推广，提高产品的认知度和信赖度
扳机营销	产品内容要简洁易记，能够让顾客脱口而出其名称和内涵。茶叶电商企业在拟定产品名称和商标时，应该做到独家性和上口性，让顾客看到产品后能够第一时间记住产品品牌名称等因素，从而给顾客留下简洁明了的第一印象
情感营销	茶叶电商企业在进行情感营销时，要注重针对国内老客户的文化认同感、国内新客户的健康传统观、国外客户的中国文化因素等，进行不同的情感联络，要做到在推广茶叶的同时推广茶文化
公共营销（热点营销）	茶叶电商企业应该时刻关注当前新闻热点事件，并选择相应时机进行跟进。对严肃话题跟进时要注意文案的严谨；对娱乐话题进行跟进时，文案要活泼和引人入胜，以引起受众共鸣为首要目的
实用性营销	茶叶具有多种养生功效，茶叶电商企业应该适当开发茶叶养生知识，并借助公众号广泛传播，甚至可以组织相关文案进行茶叶养生等全国范围的征集，利用茶叶的实用性做好、做足文章，在为人们讲解茶叶养生保健功能的同时，让受众自愿传播分享茶叶电商企业的信息
故事营销	好的营销公司都是讲故事的高手。新故事吸引人，老故事团结人，不管哪种方式都是为了提高顾客对产品的认知度与认可度，从而达到以故事吸引人、以产品打动人、以服务感动人、以网络抓住人的目的，促进企业的发展与壮大

【任务实施】

步骤一： 组建学习任务小组

教师根据学生的学号随机划分学习任务小组，每 5～6 人为一个小组，由小组成员自行选举小组长。

步骤二：任务分工

由小组长组织小组成员对如何完成本项目的学习任务“茶叶的销量型品牌传播”进行充分讨论，将任务细化成数个子任务来制订完成该学习任务的初步计划，同时小组成员之间做好任务分工。

（1）通过收集资料，总结茶叶在电商平台的销售情况。

（2）通过访谈分析促进茶叶电商营销与品牌传播的对策。

（3）通过访谈总结茶叶电商营销与品牌传播方式。

步骤三：为讲演介绍做准备

小组成员做好分工后开始搜集资料，或网上搜寻，或去图书馆翻书查阅，最后整理好文档，形成 PPT 或书面报告，小组成员依次上台讲演介绍。

步骤四：评价

小组成员完成讲演任务后，可以先进行自我评价和自我分析，然后由台下其他小组对其进行打分和评价，最后由教师简要点评并总结。评价内容、评价标准及各项目的分值见【任务评价】。

【任务评价】（见附录 A）

【任务巩固与案例分析】

一、任务巩固

1．假设你负责京东电商平台的茶叶销量调查，你应如何入手？

分析与提示：这个问题涉及的范围比较广，要求简要回答，你可以从京东茶类店铺的数量、店铺销量、茶叶品种等方面着手进行调研，选择一两个角度进行详细分析。

2．互联网营销方式众多，你要如何促进电商营销与品牌传播？请简要介绍一下。

分析与提示：这个问题涉及的范围比较广，要求简要回答，你可以从产品质量、营销模式、优化层级等方面着手，选择一两个角度进行详细分析。

二、案例分析

京东平台茶叶品类销量第一 小罐茶一“泡”走红背后的秘密

在三年时间里，小罐茶创下年销售额 20 亿元的神话，被称作茶界“香奈儿”。小罐茶不仅销售额是神话，它还让茶叶从中老年人走向年轻群体，其消费人群的年龄竟然比传统茶行业消费人群的年龄低了 10 岁。

数据显示，小罐茶的消费人群集中在 19～35 岁，而小罐茶品牌的年轻化道路离不开一位重要的合作伙伴，就是深受用户信赖的综合零售平台——京东。“更准确地说，是京东买手团的赋能，帮助小罐茶品牌实现了线上销量的长线飘红。”小罐茶电商负责人史英华介绍。

在消费升级大趋势下诞生的小罐茶，于 2015 年开始进行产品试销。彼时的小罐茶出于战略布局，非常重视线下实体店的运营，但同时又察觉到不能没有线上布局。史英华坦言：“当时内部也有反对声音，认为这么贵的高端产品，如果没有体验很难在线上铺开。”

也正是在这个时候，京东买手团为小罐茶提供了平台用户画像——京东平台覆盖了全国最具购买力的年轻用户群，65%以上是“80 后”主力消费人群，这和小罐茶的高端人群市场定位非常匹配。因此，对于品牌建立之初的小罐茶来讲，京东是其产品走向全国市场、获取年轻用户的重要渠道。而京东买手团提供的一站式电商服务，则能帮助小罐茶快速、精准地洞察用户特征和消费喜好。

京东买手团作为连接消费者与品牌商的重要桥梁，其核心职责是通过大数据洞察分析消费趋势，并凭借自己的行业经验和市场判断，帮助品牌方发掘最适合消费者的产品，同时为品牌提供“反向定制”建议，打造线上爆款产品。

“当时，京东茶叶买手团给了我们很大信心，最终我们内部决定在京东把销售和年轻用户结合，将线上的路径打出来。”史英华表示。于是，在 2016 年产品正式上市同期，小罐茶在京东买手团的协助下顺利进驻京东商城开设官方旗舰店，并在 2018 年 8 月正式开设京东自营旗舰店。如今，在自营和 POP 双轮驱动模式下，小罐茶在京东平台已成为销量第一的茶叶品牌，同比 2018 年 8 月，2019 年 8 月小罐茶在京东自营平台月销售额提升了 16.3 倍。

一次线上线下联动营销让小罐茶一举实现爆发式增长，单月销量破千万单。2016 年，小罐茶刚刚进驻京东时，由于线上、线下两种营销模式的思维和观念差异，双方经历了一段磨合期。史英华回忆，像小罐茶这样线下销售先行的布局，使线下有着复杂且庞大的经销商体系，起初他们很难理解线上的营销和销售方式。但在 2017 年的时候，一件事情的发生让线下经销商原本根深蒂固的思想观念发生了转变。彼时，京东平台正在为一年一度的中秋节大促做准备，并为品牌销售提供了诸多曝光机会和合作权益，而在了解到小罐茶在同一时期将投放线下广告后，京东买手团敏锐把握到这一契机，建议双方共同实施线上线下联动营销，打通资源，相互引流，一定可以促进销售和用户的跨越式增长。最终，双方的合作使京东买手团的预测得到验证，通过线上线下联合营销，小罐茶在京东一举实现爆发式增长，单月销量突破千万单，热门商品更是几次脱销。

同时，线上的热销还带动了线下市场的火爆，很多在电商平台买不到小罐茶的消费者，开始到商超四处询问，“小罐茶”成了服务前台被问及的高频词。也正是在此时，小罐茶的经销商开始对电商渠道刮目相看。

“品牌更容易沉浸于自己的专业领域和定位维度去做市场和销售，但是京东买手团基于互联网思维，给了我们不一样的思考角度，注入了很多营销新思路。"史英华表示。

2018 年，京东买手团发现在"吃粽子，饮雄黄"的端午节，传统茶叶的销量要明显高于其他节点，而礼盒装更是深受消费者喜爱，他们认为如果把小罐茶和粽子结合，打造一款礼盒产品，可以为品牌开辟新的消费场景。随后，京东买手团把这一数据洞察和"反向定制"建议告诉了小罐茶。

经过双方几个月的产品研发、礼盒设计和价格定位等一系列工作，2018 年端午节前，小罐茶和五芳斋跨界合作的茶粽礼盒如期亮相京东平台。作为小罐茶首次跨界合作产品，茶粽礼盒成为端午节的爆款，上线之后很快售罄，同时也再次带动了小罐茶的线下销量，被很多营销公司和媒体作为优秀的跨界案例学习推广。

京东买手团通过大数据赋能、打造"反向定制"产品的方式，让小罐茶看到了数据的重要性。目前，小罐茶企业内部也有了自己的数据工作人员，他们利用京东大数据工具，定期追踪并分析用户结构、喜好程度等的变化。史英华表示："对于大部分企业来讲，京东平台丰富的数据和专业买手的洞察能力，都是京东赋能商家的价值所在。"

此外，在京东买手团的建议下，小罐茶正在逐步提升京东自营比例。史英华还透露，近几年茶叶市场品牌化趋势越来越明显，未来小罐茶将继续联手京东，通过京东买手团的一站式专业指导，为京东平台用户，尤其是年轻消费者提供更好的购物体验。

通过阅读茶叶电商平台销量提升案例，关于茶叶的销量型品牌传播，你受到了什么启发？

任务 5.2 茶叶的文化型品牌传播

【任务分析】

茶叶是一种商品，饮茶是一种文化，茶叶是茶文化传播的载体，茶文化是茶叶的内涵。以茶文化为核心塑造茶叶品牌内涵，以品牌形象凸显茶文化内涵，是茶叶营销体系中必不可少的内容。通过对茶文化传播属性的提炼来实现茶叶的文化型品牌传播，是当前茶叶企业发展面临的迫切任务。

【任务目标】

知识目标	1．提炼茶文化的传播属性 2．了解借助茶文化的品牌传播方式
技能目标	1．能够简单提炼茶文化的传播属性 2．能够简单阐述借助茶文化的品牌传播方式
素质目标	1．加深对中华民族茶文化的认识，能够在茶文化传播中培养民族自豪感和时代赋予我们的使命感 2．学习茶文化，提升人文素养和思想道德素养

【任务知识储备】

知识储备 1　提炼茶文化的传播属性

中国传统文化底蕴深厚，茶文化亦是如此。挖掘茶文化，塑造和传播茶叶品牌，是茶叶企业在茶叶市场竞争中立足和长远发展的有效途径。构建品牌的唯一可持续之道是把产品的根深植于文化之中，茶文化是品牌名茶的灵魂，是名茶企业最具活力的因素。

在销售茶叶时，茶叶企业更注重茶文化的传播。“品牌的背后是文化”，没有文化的品牌是短命的。因为当今或未来消费者消费或购买的已不仅仅是物质的东西，更多的是一种文化。注入并能释放有特色的、体现时代精神的浓厚文化底蕴的品牌是永恒的。在营销中，茶叶品牌不仅要实现茶叶作为饮料的商品价值，还要体现茶叶特有的文化价值。

（1）植入茶文化提高品牌附加值。

品牌附加值一般包含三层含义：消费者对品牌的认可度，消费者的心理感受度，消费者对品牌的忠诚度。纵观我国茶叶产业的发展历程，不难看出凡是知名茶叶品牌，其都蕴含着比较深厚的文化底蕴，承载着各种个性化的品牌故事、地域文化内涵等，并将茶文化引入品牌。茶文化与茶经济紧密关联、相辅相成。市场需要产品，产品依赖文化，将茶文化融入品牌，能够提升品牌文化内涵。随着人们生活水平的不断提高，消费者由之前饮茶解渴的观念转变为追求精神层面的修身养性，希望通过饮茶领悟自身与自然融为一体的精神升华。虽然我们有时候不曾喝到某种知名茶，但是不会动摇它在我们心目中形成的品牌美誉度，这便是茶叶品牌附加值的魅力所在。

（2）利用文化内涵引领产品消费。

茶叶不仅是一种饮品，还承载着道法自然、天人合一、内省外修的中华民族智慧。“品牌的背后是文化”，文化是一个民族向心力和创造力的源泉，同时也体现着一个国家的综合实力，没有文化的品牌很难在市场上经久不衰。以茶文化为载体，无形的茶文化资产被转变成有形的区域公用品牌价值，从而不易复制的茶文化差异也被升华为茶产业区域品牌的核心竞争力。茶文化是连接物质与精神的媒介，人们之所以愿意花高价购买有文化内涵的品牌产品，是因为品牌所承载的文化满足了人们精神上的享受。由此我们可以看出，消费产品的文化价值已经成了消费者的核心价值观。

（3）文化营销提高茶叶品牌的国际竞争力。

通过文化营销，可以提高茶叶品牌的影响力，提高其国际竞争力。我国是茶叶生产大国，但非强国，没有具有国际竞争力的茶叶品牌。而国外就有知名的茶叶品牌，如英国的立顿，其在营销中就使用了文化营销手段，让其得到了极大发展，成为著名品牌，其每年的销售额超过了我国的茶叶出口总额。可见，我国也需要借鉴、充分利用文化营销手段，提高我国茶叶品牌在国际上的竞争力，塑造出具有我国特色的知名茶叶品牌，通过品牌效应促进销售额的增加。

知识储备 2 了解借助茶文化的品牌传播方式

茶作为一种饮品，承载着丰富的物质文化和精神文化。就目前茶叶市场来看，很多茶叶品牌仍缺乏比较鲜明的品牌个性的原因是没有很好地提炼产品个性，品牌独特的诉求点还需要进一步深挖。茶叶企业应采取文化营销的方式将茶文化融入茶叶产品，并使茶叶产品所蕴含的茶文化与目标消费者的价值观达成共识，使目标消费者得到精神层面的愉悦感，从而让目标消费者信赖产品品质，并由此建立品牌的知名度和美誉度，这是企业保持市场竞争力的重要筹码。

（1）提炼茶文化，讲好茶叶品牌故事。

茶叶企业应采取现代传播方式，利用契合现今社会发展和民众普遍接受的传播方式，吸引更多人参与宣传茶文化，将茶文化制作成为不可替代和深入人心的重点。

讲好品牌故事是企业与消费者之间进行情感交流的一种重要方式。企业要根据产品特性的不同，学会给产品编故事，描述产品从生产到最终放入购物车的每个环节，采取写实的方式，撰写能打动消费者的故事。一般而言，品牌故事的撰写需要包含以下三个方面：首先，品牌故事需要有结构缜密的故事情节；其次，品牌所塑造的典型人物能得到目标受众的认可；最后，品牌诉求能体现品牌的核心价值理念。

（2）依托产业链，发展茶文化旅游。

茶叶企业应挖掘人文元素，塑造茶文化内涵，提高产品附加值，将单一的茶产地变成一种可利用的茶文化旅游资源，如可组织摄影、文学、绘画、书法等方面的爱好者围绕当地文化进行深度创造，丰富茶文化内涵。同时，茶叶企业还可以对区域内的茶园进行科学规划，将茶园建设成一个融产品、文化、生态、观光、休闲于一体的多功能、综合性载体，让旅游者有风景可以看、有茶可以品、有产品可以买。此外，茶叶企业也可以以茶文化为依托，将茶文化、区域人文元素融入茶叶产品，围绕茶器茶具、茶叶包装、茶艺、茶文化纪念品、茶文化创作等方面进行茶叶产品延伸，发展茶叶产业链。

茶文化旅游是集茶叶生产观光、茶文化表演、购物休闲于一体的形式，有条件的企业可采用观光茶园、茶博物馆、茶文化村的形式。观光茶园这类供旅游者参观游览、休闲度假的茶园，应该有风景可观、有茶可品、有茶可购。观光茶园必须以生态学、旅游、营销原理为指导，实现经济效益、生态效益和社会效益的统一，对茶叶资源进行深层次、多方面的开发，改变传统的、低效益的、单一的茶叶生产模式。图 5-2 所示的生态观光茶园，就是茶叶产业与文化创意、景区旅游融为一体的“茶业+旅游业+文化体验”的生态观光茶园模式。

图 5-2 生态观光茶园

（3）借助包装设计，传递品牌精髓。

茶叶企业应借助网络和新媒体技术，对茶叶产品进行全方位的包装，将其变成符合中国风格、具有中国韵味的产品，通过技术平台推广至国际舞台，使外国人在认识和了解中国茶文化的同时也了解中国传统文化，形成新的中国印象。另外，茶叶企业应不断地推广具有中国印象的茶文化，通过文化先行的方式，使中国文化同各国文化进行融合，在文化交流的背景下更好地促进经济和其他贸易的稳健发展。

茶叶企业需要根据自己的细分市场及目标客户的不同，赋予品牌相应的个性。只有精准提炼品牌个性，才会让目标消费者产生情感共鸣。茶叶企业应以现代目标消费者的视角、文化意识、价值取向审视品牌文化，充分挖掘各地域文化资源，通过高度凝练的广告语，将品牌文化所指向的生活方式或价值取向明示出来，表达一种期盼、倡导一种需求、激励一种精神、传达一种人文关怀，使消费者从中得到一种文化与情感的熏陶，使消费者的价值取向、审美观念、生活方式、生活情趣因此而改变，最终与品牌文化产生共鸣。

【任务实施】

步骤一：组建学习任务小组

教师根据学生的学号随机划分学习任务小组，每5～6人为一个小组，由小组成员自行选举小组长。

步骤二：任务分工

由小组长组织小组成员对如何完成本项目的学习任务“茶叶的文化型品牌传播”进行充分讨论，从提炼茶文化的传播属性和借助茶文化的品牌传播方式两个方面制订完成该学习任务的初步计划，同时小组成员之间做好任务分工。

（1）查找网络资料，提炼茶文化的传播属性。

（2）总结借助茶文化的品牌传播方式。

步骤三：为讲演介绍做准备

小组成员做好分工后开始搜集资料，或网上搜寻，或去图书馆翻书查阅，最后整理好文档，形成 PPT 或书面报告，小组成员依次上台讲演介绍。

步骤四：评价

小组成员完成讲演任务后，可以先进行自我评价和自我分析，然后由台下其他小组对其进行打分和评价，最后由教师简要点评并总结。评价内容、评价标准及各项目的分值见【任务评价】。

【任务评价】（见附录 A）

【任务巩固与案例分析】

一、任务巩固

1．在茶叶品牌传播中，提炼茶文化的传播属性有何意义？

分析与提示：这个问题涉及的范围比较广，要求简要回答，你可以从提高附加值、引领产品消费、提高国际竞争力等方面介绍，选择一两个角度进行详细分析。

2．如何借助茶文化进行某个品牌的传播？请简要介绍一下。

分析与提示：这个问题涉及的范围比较广，要求简要回答，你可以从讲好品牌故事、发展茶文化旅游、借助包装设计等方面进行品牌传播，选择一两个角度进行详细分析。

二、案例分析

忆江南品牌的茶文化传播

杭州有一种茶叶名为忆江南，它是杭州忆江南茶业有限公司所创立的品牌。杭州忆江南茶业有限公司的主要研发项目就是茶文化，其对于茶文化的研究与开发成果在中国市场上占有重要地位。据悉，公司已有单品 200 个，年销售额达到了 3 亿元。为了更好地销售，公司也在淘宝设有直营旗舰店，并且荣获杭州著名商标。

1．以茶文化节为媒介，传播茶文化

我国的茶文化历史悠久，想要大力发展茶文化，不仅需要全民的努力，各级政府也必须对此事高度重视，可以通过举办文化节的形式使茶文化深入人心。据不完全统计，大力举办茶文化节的城市包括上海、河南信阳、浙江宁波、陕西紫阳及安康等地，这些地方的茶叶企业较多，茶叶质量又比较高，举办茶文化节更体现了这些地区茶文化的底蕴。其中，杭州的茶文化历史更为悠久，文化底蕴更为深厚。“忆江南”的茶文化节创办于 1994 年，至今已经举办了多届。2011 年，“忆江南”茶文化节的主题是“文化与经济相结合、大众与精品相结合、传统与现代相结合、媒体宣传与广告宣传相结合”，这也成了茶文化节的一大亮点，此举提高了中国茶叶的知名度，对茶文化的传播起到了很大的作用。

2. 以影视宣传为媒体，弘扬茶文化

随着信息化技术的发展，传媒被广泛地应用于各个领域，将传媒加入文化传承，无疑给文化传承注入了新的动力。传媒的优势在于可以将古典的文化转变为多种形式，给人以视觉、听觉等多方面的享受。茶文化不仅有茶，还有集哲学、历史、文学、艺术于一体的传统文化，目前最适合传承茶文化的现代媒体手段是纪录片。2013 年，央视主持拍摄了大型茶类纪录片《茶，一片树叶的故事》，这部纪录片是央视纪录频道推出的一部原创纪录片，也是中国首部全面探寻世界茶文化的纪录片。该片一共分为六个篇幅：“土地和手掌的温度”“路的尽头”“烧水煮茶的事”“他乡，故乡”“时间为茶而停下”“一碗茶汤见人情”，分别从茶的种类、历史、传播和制作等角度呈现了茶叶的故事。该片制作精美，艺术感十足，以茶叶为载体不仅向观众展示了茶叶的故事，还向观众展示了中国的故事，最后上升到中国人对生活的思考、对时间的思考，以及中国人热爱生活、恋本重情的固有情结。该片一经播出，引起极大反响，豆瓣评分高达 8.7 分，足以看出中国人对于茶叶的热爱。其实，早在 2006 年，就有了《茶旅天下》，它是以茶旅为主题的大型历史纪录片，其中主要提到了茶文化及茶叶的发展。《茶旅天下》是中国第一部茶叶影像纪录片，将中国传统茶文化与具有各地特色的地域人文相结合，不但为人们详细地介绍了中国地方独特的民俗风情，也更好地弘扬了中国传统茶文化。茶文化纪录片的出现使我国茶文化的形式更加丰富，对宣传茶文化起到了重要的作用。

3. 以茶文化旅游为载体，体验茶文化

进行文化交流和宣传的重要途径是人口的流动及旅游业的发展。中国的茶文化历史悠久，茶叶产地较多。因为茶叶独特的生长环境，所以茶叶产地大多是风景秀丽的地方，其旅游资源也十分丰富，根据其优势，可以开展茶文化旅游。茶文化旅游，顾名思义，就是将茶文化与旅游相结合，使旅游者直接感受茶文化。旅游者可以亲自采摘、炒制、冲泡、品饮，在这些过程中感受茶文化。

通过阅读茶文化传播案例，关于茶叶的文化型品牌传播，你受到了什么启发？

任务 5.3 茶叶的口碑型品牌传播

【任务分析】

好的茶叶品牌能够获得好的口碑，来自亲朋好友的推荐能够让消费者对产品产生信赖，这种口碑型传播无疑是最好的宣传广告。通过对茶叶品牌的口碑塑造实现借助社交的茶叶品牌传播，是茶叶品牌传播的重要途径。

【任务目标】

知识目标	1. 塑造茶叶品牌的口碑 2. 了解借助社交的茶叶品牌传播
技能目标	1. 能够简单分析茶叶品牌的口碑塑造需要考虑的要素 2. 能够简单阐述如何借助社交实现茶叶的品牌传播
素质目标	加深对互联网茶叶品牌传播的认识，能够在接受和传播媒介信息时提高思辨能力，提高媒介素养水平

【任务知识储备】

知识储备 1　塑造茶叶品牌的口碑

口碑建设是品牌建设的基础，良好的口碑能够让消费者对品牌留下深刻的印象，通过口耳相传介绍给亲朋好友，可以实现茶叶的口碑型品牌传播。口碑营销通过亲友或体验者的特殊身份能使消费者消除敌视心理，达到最佳的传播效果。

1. 注重口碑营销，赢得客户信任

（1）关注每一个细节，积累好感度，赢得好口碑。做好细节工作，往往能够给消费者留下良好的印象。例如，茶叶加盟店要塑造一个舒心的消费环境，用茶、字、画及舒缓的音乐，营造一个舒缓的氛围；产品的陈列有技巧，突出主打产品，让客户很快就能够找到所需的茶叶；不定时举办一些促销活动和优惠活动，赠送一些小礼物给消费者，培养忠诚客户。

（2）丰富产品线，以质高价优的产品赢得良好口碑。现在的茶叶店如此之多，消费者面对琳琅满目的茶叶产品肯定会有所比较。消费者选择产品要考虑的内容无非是产品质量和产品价格。在产品线上，茶叶加盟店能做到人无我有、人有我新、人新我优、人优我廉，优先在消费者的需求前想到做到，就能掌握主动权。茶叶性价比高，消费者自然懂得选择。

（3）提供快捷周到的服务，用全心全意赢得良好口碑。商品经济发展到今天，已经逐渐形成"服务至上"的理念，抓住消费者心理、提供专业和优质的服务已成为业内制胜的王牌。在销售服务上，从进店到完成销售，店员都要周到、务实、贴心，不要浮夸和谄媚，热情和真诚才是消费者最喜欢的。店员要懂得倾听消费者的诉求，善于用简单生动的语言引导消费。在产品服务上，要做好售后服务，面对消费者的投诉，要给予快速且合理的解决方式，用耐心和同理心赢得消费者的信任。

口碑是茶叶品牌的一种价值，也是营销的一种方式。良好的口碑不仅提高了茶叶品牌的形象，也给品牌加盟店带来了新的销售契机。

2. 线上线下同发力，发展全渠道营销

当前，茶叶企业线上线下全渠道营销发展道路面临诸多困难和挑战，但时代在变化，消费者的消费方式越来越多样化，茶叶企业的销售渠道结构也必须调整、创新，全渠道营

销模式是企业发展的必然选择。

（1）多元渠道与跨界渠道相结合。茶叶企业应搭建多条线上、线下营销渠道及跨界渠道，增加与消费者的触点。线上营销渠道包括自建官网、第三方平台（如淘宝、天猫）、移动 App、微信商城、微信朋友圈、相关论坛和微博、百度推广等；线下渠道包括实体店、社交朋友圈，还包括与银行、餐饮、会所、俱乐部、企业协会等进行跨界合作，多线并行将茶叶信息递送至更多消费者的面前。全渠道营销的内涵也并非局限于销售渠道的开拓，进行市场信息的收集，把握消费者对茶叶的需求，推出符合消费者需求的茶叶，创新茶叶营销方式，提供方便快捷的购物、支付、消费方式才是全渠道营销的重点。因此，茶叶企业在开拓各个营销渠道时，应同时建立市场调查渠道与市场反馈渠道，判断本渠道面临的消费者属于何种类型的消费者，围绕“消费者就是上帝”的理念，切实把握不同消费者的需求及其变化。

（2）线上线下渠道的整合。为扩充线上流量，打开线上市场，茶叶企业有时候需要给予线上渠道更多的优惠政策。但当线上渠道进入稳定运营状态后，线上线下的协调、统一运营就显得更为重要。茶叶企业应搭建全渠道云商控制平台，统一协调、控制线上各个平台及线下各个渠道的供货、价格、促销活动等，使消费者放心地选择适合自己的消费平台，而不用担心各个平台之间价格不同、优惠力度不同。

（3）各渠道开展差异化经营。差异化经营包括两个层面：一是结合茶叶企业自身的实力，选择适合的细分市场，进行准确的市场定位和产品定位；二是针对不同的定位，开拓不同的营销渠道，实施不同的营销策略。例如，如果茶叶企业的资源集中于普洱茶，应将有限的资金投入这个品种，而非什么茶都卖，这样也能为消费者提供更为专业的服务。对于高端茶叶，网上以次充好的现象较多、无法通过品饮判定其品质，高端茶叶线上销售情况不良，因此应将线上渠道定位为高端茶叶信息的推广，并将线上流量引导至线下消费，以实体店销售为主；对于中低端茶叶，线上的天猫店、京东店可以主打品质较好的中端茶叶，淘宝店及拼多多店可以主打低端茶叶，开通的微信公众号，也可依据粉丝类型推荐不同的茶叶。

全渠道营销不仅是营销渠道的拓展，还是市场调研渠道和售后服务渠道的拓展，是围绕消费者购物体验，以消费者为中心来进行设计的。茶叶企业应认清茶叶行业面临的营销困境，从多元渠道与跨界渠道相结合、线上线下渠道的整合、各渠道开展差异化经营等多个方面开展全渠道营销。

知识储备 2 了解借助社交的茶叶品牌传播

茶叶社交营销也叫茶叶社交网络营销、茶叶社交媒体营销，是指基于社交网络这类新媒体开展的茶叶营销和品牌宣传活动。茶叶社交电商依靠用户的人际关系（社交关系、消费行为、个人影响力、个人信用等）实现裂变式增长，能快速判断、识别、引导消费者购买，再试图通过茶叶消费行为形成新的社交关系。

1. 社交内容传播法则

据不完全统计，人们平均每天要传播 16 000 个词的信息。我们有 20%～50%的购买决策会受此影响。

传播不是与生俱来的，而是创造出来的。好的内容不是品牌要说的内容，而是消费者愿意分享的内容。

内容传播，其实遵循的是 CGO 原则。C 即 Social Currency，社交货币；G 即 Game，游戏植入原理；O 即 One of Us，跟自己有关。

（1）社交货币性质的内容。

好的内容最重要的就是具备社交货币属性。什么样的内容会让客户获得满足，从而去传播呢？这样的内容应具备四个要素：有趣、有用、讲个故事、牵动情绪。

有趣：满足有趣要素，消费者会自发转发内容。

有用：福利可能是吸引消费者最直接的手段。茶叶企业在策划产品时，不妨朝着定制化的方向发展，表达消费者想要表达的，给予他们一定的福利，这样消费者自发传播的可能性会更大。

讲个故事：在说服力方面，故事的作用并不比数据弱，而且更容易帮助企业把观点和情感植入消费者头脑中。对于营销从业人员来说，如果能在茶叶品牌、茶叶产品、茶叶宣传内容中植入相关故事的元素，就更容易触达消费者心智，获得他们的口耳相传。

牵动情绪：位于上海永康路的熊爪咖啡一夜爆红，消费者都被这只可爱的熊爪吸引了。熊爪咖啡店铺只有一个门洞同外界相连，有一只熊爪通过门洞将咖啡递出来。熊爪"萌化"了前去打卡的消费者，牵动了他们的情绪，引发了他们拍照合影的潮流。这种聚焦于消费者的活动，激发了消费者分享的冲动。

（2）游戏植入原理，反馈机制上瘾。

游戏化营销，是指提取游戏的设计思维、模式和机制，促使玩家不断前进，积累奖励，沉浸其中。应用到商业上，游戏化的目的就是不断激励消费者持续参与体验过程，最终改变消费者行为、提升品牌曝光度和流量。

（3）稀缺性创造更高价值。

稀缺性和专有性会让人们产生归属感，进而激发人们口口相传的欲望。假如某人得到了别人买不到的产品，他会觉得这个产品格外珍贵、新奇，并且具有很高的市场价值。

2. 茶叶的口碑营销

茶叶企业需要做好口碑营销，在选择营销方式的时候，口碑营销分为线下、线上口碑营销。在现实市场中，线下营销投入较大，效果监控难；而线上营销，也就是网络口碑营销，借助网络的快速传播、精准定位等优势，越来越被茶叶企业所重视。

根据众多品牌口碑营销案例，口碑营销可以总结为四大策略：一是公益营销，二是终端营销，三是降价营销，四是媒体广告。

（1）公益营销。茶叶企业做公益活动的目的性不是那么明显，回馈社会并承担社会责任被一些人认为是一种赔本买卖。其实不然，从这种活动的性质来讲，公益更像一种立意长远的营销活动。通过公益等实际行动，既表达了茶叶企业的社会责任感，又使社会受众群体对茶叶企业产生了良好的印象，实际上是做了一次变相的茶叶品牌形象广告。

（2）终端营销。一般来说，消费者先通过广告建立对所需茶叶的第一印象，看了茶叶宣传广告，对茶叶有了初步的了解。然后，通过茶叶企业的终端销售，引发购买冲动，最终付诸购买行动。茶叶企业借助卖场的横幅、张贴画、小礼品及人员介绍促使消费者下定决心。茶叶企业利用终端推广可以与消费者进行亲密接触，将终端作为与消费者沟通的平台或工具，其过程可控性更强，效果也更容易评估。

（3）降价营销。在市场竞争中，降价是最见成效的“武器”，但是也是最容易失控的一种营销方式。

（4）媒体广告。茶叶宣传广告在茶叶营销中行使着传播的职能，在市场产品高度同质化的今天，越来越多的茶叶企业逐渐意识到想在茶叶产品上体现领先已很难办到，唯有传播才能创造出差异化的茶叶品牌竞争优势。密集的高空茶叶广告有利于建立茶叶的品牌形象。通常，广告是通过电视、报纸、杂志、网络或广播等媒介来实现的，因为这些媒介拥有为数众多的受众群体。

3. 借助社交的茶叶品牌传播策略

口碑传播需要长期推广，因此要做好心理准备。比起其他传播途径，口碑传播的速度往往比较慢。

进行口碑传播，要让消费者对商品或服务进行亲身体验。茶叶企业要提供能够使消费者深入了解商品或服务的优点的信息或亲身体验的机会，来提高人们转变为顾客的可能性，并且使这些顾客进一步成长为可以发动口碑传播的人。

一是内容要有独特性。消费者对花哨的广告、夸张的内容已经有了极强的免疫力，这时候想要抓住消费者的眼球就需要制造出新颖独特的传播内容。

二是会借势。近期的大事件、流行语等往往吸引着众多的观众，阅读量甚多，对此，经营者可以以小搏大，借助现有的流行趋势，写出富含热点的口碑营销内容，以吸引民众的目光。茶叶企业做口碑营销时应如何借势？具体可以借势的方面包括自然规律、政策法规、突发事件、流行热点，甚至是借助强大的竞争对手的势能。

三是写明利益。对于消费者来说，最终能够关注茶叶企业的原因还是要落脚于利益上，是茶叶产品性价比很高，是服务过硬，还是价格很便宜？只有找到一个消费者关心的利益切入点进行口碑营销，才能够达到不错的效果。

【任务实施】

步骤一：组建学习任务小组

教师根据学生的学号随机划分学习任务小组，每5～6人为一个小组，由小组成员自行选举小组长。

步骤二：任务分工

由小组长组织小组成员对如何完成本项目的学习任务"茶叶的口碑型品牌传播"进行充分讨论，从茶叶品牌口碑塑造需要考虑的因素和借助社交的茶叶品牌传播两个方面制订完成该学习任务的初步计划，同时小组成员之间做好任务分工。

（1）网上查找资料，了解茶叶品牌口碑塑造需要考虑的因素。

（2）了解茶叶进行社交营销的必要因素，打造出符合社会传播要求的茶叶内容。

（3）收集资料，总结借助社交的茶叶品牌传播策略。

步骤三：为讲演介绍做准备

小组成员做好分工后开始搜集资料，或网上搜寻，或去图书馆翻书查阅，最后整理好文档，形成PPT或书面报告，小组成员依次上台讲演介绍。

步骤四：评价

小组成员完成讲演任务后，可以先进行自我评价和自我分析，然后由台下其他小组对其进行打分和评价，最后由教师简要点评并总结。评价内容、评价标准及各项目的分值见【任务评价】。

【任务评价】（见附录 A）

【任务巩固与案例分析】

一、任务巩固

1．如何塑造茶叶品牌的口碑？

分析与提示：这个问题涉及的范围比较广，要求简要回答，你可以从茶叶产品与服务、茶叶全渠道营销等方面入手，选择一两个角度进行详细分析。

2．社交营销方式众多，你应如何制定借助社交的茶叶品牌传播策略？请简要介绍一下。

分析与提示：这个问题涉及的范围比较广，要求简要回答，你可以从独特性内容、借势热点事件、利益等方面着手，选择一两个角度进行详细分析。

二、案例分析

1．用心做好茶，诚信出口碑

“只要坚守诚信之道，用心做好茶，好茶自然会帮你说话。”聚友堂茶庄老板向军这样说。

聚友堂茶庄自 2019 年开业至今，经营上以诚信为本，以质量为先，在当地深受好评。店内主要销售益阳茶厂的茯茶。茯茶属于完全发酵茶，是茶类中加工工艺最复杂、生产加工周期最长、工艺最独特的黑茶类产品。作为资深茯茶爱好者，向军对茯茶有着自己的见解：“益阳的茯茶，有着悠久的历史和丰厚的文化内涵，看到一些年代久远的茶，就好像在品读历史岁月中沉淀下来的珍宝，跟茶有了情感的共鸣。”向军说，他的茶庄大厅是开放式的，经常会有茶友来这里聊茶、聊人生，每次客人来到店里，他都热情待客，让他们免费品茶。“即使最终生意没做成，做朋友也好。”慢慢地，向军的聚友堂茶庄因热情待客、质优茶香、价廉物美等特点，吸引了不少茶客。向军的一位老顾客说：“我已经买了好几次茶了，向老板的茶叶质优价廉，没有掺假，很放心。”

2．心研茶加盟品牌，跨界思维深受好评

随着经济的发展、生活水平的提高，消费者的消费习惯和消费意识也在不断提升变化中，餐饮市场的竞争愈发激烈，茶饮品牌的竞争新模式也层出不穷，继一点点奶茶、喜茶、皇茶等网红茶饮之后，又一家网红店——心研茶引人注目，其“新派茶+软欧包”的跨界思维深受好评。

软欧包红了，一点都不意外。据了解，软欧包是近两年逐渐流行起来的面包品类。心研茶相关负责人表示，软欧包产品相对高端，外观时尚，口感也适合中国人，特别是年轻客群，“我们比较看好软欧包在烘焙行业的发展前景”。

软欧包口感松软，它吸收了传统硬欧式面包和柔软的日式面包的长处，外部软硬适宜，内部极度柔软。清新的包装、个性的文案加上上乘的口感，心研茶的火爆打破了原本烘焙业的固有形象，完全颠覆了人们对线下实体茶饮店的价值想象。

心研茶正在席卷一线城市各大购物中心，往日的奶茶粉冲泡的产品几乎消失殆尽，取而代之的是果茶、气泡茶与冲泡茶饮等。同样，80%传统面包品牌老化亟须吸引年轻消费者，整个烘焙行业的趋势是从普通面包店到时尚面包店，轻奢成为主流。

通过阅读以上两个茶叶口碑型品牌传播案例，关于茶叶的口碑型品牌传播，你受到了什么启发？

【素质园地：创新是青年推动社会进步的基石】

培养创新意识

培养创新意识是时代发展的要求。在当今快速发展的时代，知识正日益成为经济发展的核心因素。知识经济时代将是高技术、高智慧、高文化的时代，在这样的社会背景下，需要人们具有一种积极向上的、开拓领先的意识活动，并通过这种意识活动来促进社会各种因素发生变化。创新正是这样一种意识活动，它根源于社会生产方式，能够推动社会生产方式不断向前发展，从而带动经济的飞速发展，促进上层建筑的进步。

培养创新意识能够提高自身素质水平。创新实质上是确定了一种新的人才标准，它代表着人才素质变化的性质和方向。当今社会需要充满生机和活力、有开拓精神、有新思想道德素质和现代科学文化素质的人，创新意识能从客观上引导人们朝着这个目标努力，从而提高自己的素质水平，使人的本质力量在更高的层次上得以确证。它能激发人的主体性、能动性、创造性的进一步发挥，从而使人自身的内涵获得极大的丰富和拓展。

作为新时代的大学生，应如何提高自身创新意识呢？我们可以从以下几个方面入手。

首先，应该博览群书，丰富自身知识体系。创新意识的发展和培养是一个循序渐进的过程，是一个长期的工作。创新意识是在人们拥有广博的智力资源的基础上形成和发展起来的。只有具备了系统的知识体系、健全的知识结构、扎实的专业知识，大学生才可能在现有的知识内容中发现新的领域，才能激发自身创新的积极性。没有知识背景支撑的创新将是盲目的、毫无意义的，同时也是缺乏想象力的。想象是创造之母，没有想象，就没有创新。这对于大学生从更深的层面理解知识、产生未来创造的动机、掌握创造的方法都是十分必要的。学而创，创而学，这是创新的根本途径。这需要大学生具有勤奋求知的精神，不断地学习新知识。只有这样，大学生才可以在求学的道路上不断地培养自己的创新意识，更好地发挥自己的主观能动性，发掘更大的自主创新潜力。

其次，应富有质疑精神，树立反思能力。大学生应该不迷信权威，学会对传统习俗、陋规的限制与约束进行反抗，学会有意识地培养自己敏锐的洞察力，学会思考。当然，创新不是只有思考就可以的，还需要有反思精神，而这正是目前我国大学生较为缺乏的。对于知识，大学生已经习惯去继承和记忆，而不是发展和创新，总认为学习就是吸收知识，把知识记到脑子里就是真正学到了东西。事实上，学知识重在“学”，“学”本身就包含了能动性，需要去思考、去超越。只有通过积极的理性反思，才能在追溯事物本质的过程中有所发现、有所突破。因此，大学生要创新，就必须突破自身的思维定式，努力尝试运用积极的理性思维去反思事物，从而达到一种更高的层次。

第三，要充分利用现有资源，培养创新兴趣。兴趣是人的精神对特定对象或某种事物的喜爱和趋向，是人在探索、认识某种对象的活动中产生的一种乐趣。这种乐趣能够使人们得到极大的满足，从而促使人们的注意力高度集中，甚至达到忘我的程度。兴趣是最好的老师，创新兴趣能促进创造活动的成功，是促使人们积极探求新奇事物的心理倾向。大学生应该在现有资源的基础上，找到自己感兴趣的方向，抓住研究重点，掌握学习的主动权，从而培养自我创新意识。

项目 6 “互联网+”茶用户互动

淡中有味茶偏好，清茗一杯情更真。2020 年 5 月 21 日，以“茶和世界 共品共享——茶，让我们在一起”为主题的首个“国际茶日”万里茶道系列活动在北京中华古茶博物馆拉开帷幕。

该系列活动由中国民间组织国际交流促进会指导，中华文化促进会、万里茶道（国际）协作体、中国食品土畜进出口商会共同发起，获得了中国茶叶学会、国际茶叶委员会、欧洲茶叶委员会、东盟茶叶协会、蒙古国驻华使馆、尼泊尔驻华使馆、摩洛哥驻华使馆等 50 余个相关组织和机构，以及莫斯科、墨尔本、祁县等国内外 30 多个城市的支持和参与。联合国粮农组织政府间茶叶工作组对本次活动表示祝贺，并对主办方在国家、地区间促进茶产业发展所做出的努力给予了积极评价。

2019 年 12 月，联合国大会宣布将每年 5 月 21 日确定为“国际茶日”，以肯定茶叶的经济、社会和文化价值，促进全球农业的可持续发展。联合国大会在有关决议中指出，茶叶生产和加工是发展中国家数百万家庭的主要生计来源，也是若干最不发达国家数百万贫困家庭的主要谋生手段，其有助于应对饥饿、减少极端贫困、增强妇女权能、可持续利用陆地生态系统。

作为“国际茶日”设立的主要推动者、茶叶的发源地和最大产茶国，我国有责任和世界上的同业者一道，通过促进茶叶产业的健康和可持续发展，以及茶文化的交流互鉴，助推构建“你中有我，我中有你”的人类命运共同体。

中华文化促进会副主席、万里茶道（国际）协作体执行主席郭杰代表主办方在仪式上发布了“首个国际茶日万里茶道（北京）倡议”。该倡议呼吁茶行业者和有识之士共同秉承“国际茶日”的宗旨，发扬万里茶道的精神，以健康为目标，以国际合作为途径，以文化为旨归，以城市为驱动，以青年为创想，共同创造美好的生活和未来。

国际茶叶委员会主席伊恩·吉布斯在为该系列活动发来的视频致辞中说，在 2020 年这一特殊的年份，建议大家都尝试一下茶叶这样的健康饮品。他还强调，许多年轻人受到引领成为本次活动的核心成员，令人兴奋而鼓舞。

蒙古国驻华大使丹巴·冈呼雅格希望能在该倡议的指引下，积极参与万里茶道的国际传播，促进沿线国家及相关城市的茶叶种植和加工，扩大生态和旅游领域的交流与合作。

为践行该倡议，为期 4 年的“国际茶日万里茶道行动计划”同时启动，其中包括万里茶道茶农扶助计划、中蒙俄万里茶道城市合作会议、祁县国际茶商大会等具体内容，从扶贫、种植、加工、流通、文旅等多方面助推中国茶叶产业的新型发展和国际合作。

在系列活动启动仪式上，坐落在北京通惠河畔的中华古茶博物馆也正式揭牌，并举办了首场展览活动——“大道遗真：馆藏普洱茶专题展”。另据了解，该系列活动启动仪式当天还在湖北宜昌、云南普洱、山西祁县、内蒙古多伦及澳大利亚墨尔本等地设立了分会场。

微博、微信、论坛等社交网络载体对茶叶企业的品牌宣传和茶叶营销有很大的推动作用。社群对茶叶产品和品牌的推广具有不可或缺的影响力。本项目讨论了互联网背景下茶叶企业、茶商与茶用户的互动给茶叶营销带来的影响，可分为三个任务：一是茶用户互动话题打造；二是茶用户互动渠道选择；三是茶用户互动活动策划。

任务6.1 茶用户互动话题打造

【任务分析】

互动性强是信息时代最鲜明的特点，茶用户可以根据自身需求，选择合适的渠道与茶叶企业、茶商直接对话。茶叶企业可以根据茶用户的特点为其提供个性化服务，满足其差异化的需求，同时也可以通过各种活动与茶用户互动交流，打造茶用户感兴趣的话题，实现“零距离”的茶叶产品信息传播和营销的目的。

【任务目标】

知识目标	1．了解茶用户画像 2．设计茶用户互动话题
技能目标	1．能够根据茶用户消费特点分析茶用户信息 2．能够简单设计出与茶用户的互动话题，吸引茶用户对茶叶产品和茶叶品牌产生兴趣
素质目标	1．能够在“互联网+”背景下了解茶用户的特点，培养具有思辨、筛选、创造媒介信息能力的媒介素养 2．遵守爱岗敬业、诚信友善的道德标准，提高职业道德水平

【任务知识储备】

知识储备1 了解茶用户画像

通过对茶用户各种信息的总结归纳，可以总结出茶用户的特点，即茶用户画像。在大数据时代，茶叶企业通过了解茶用户画像，能够为茶用户提供更加符合其需求的产品，促进茶叶产品的多元化、个性化发展。

1. 2021 年中国消费者茶叶种类相关画像

通过对 2021 年中国消费者购买茶叶种类的分析可知，茶叶消费者主要集中在中收入人群，而他们购买茶叶的特点主要体现在以下几个方面：年轻人更加偏爱红茶；企业白领最喜爱绿茶；三四线城市的茶叶需求量逐渐上涨；除红茶和绿茶之外，养生茶较受欢迎。具体情况如图 6-1 所示。

中收入人群
茶叶消费者中，收入为5000～15000元的占比超40%
年轻人爱喝红茶
"90后"及以下的消费者选择红茶的占比为20.8%
三四线城市
茶叶需求量逐渐上涨
"养生"男女
除红茶和绿茶之外，男性和女性消费者都更青睐养生茶
企业白领
企业白领最喜爱绿茶，其次是花草茶和乌龙茶

图 6-1　2021 年中国消费者中收入人群茶叶消费的特点

调研数据显示，2021 年，中国消费者对新形态茶接受度最高的年龄段为 19～40 岁，平均接受程度超过 88.0%，而接受度最低的是 51 岁及以上的消费者，接受度为 72.0%，如图 6-2 所示。根据数据可知，年轻消费者对于新形态茶的接受程度普遍较高，尤其是"80 后""90 后"的消费者。这类人群以上班族为主，对于茶饮的需求更多的是快捷简便，并不希望在冲泡茶的环节上消耗过多时间，因此对于新形态茶有较高的接受度。

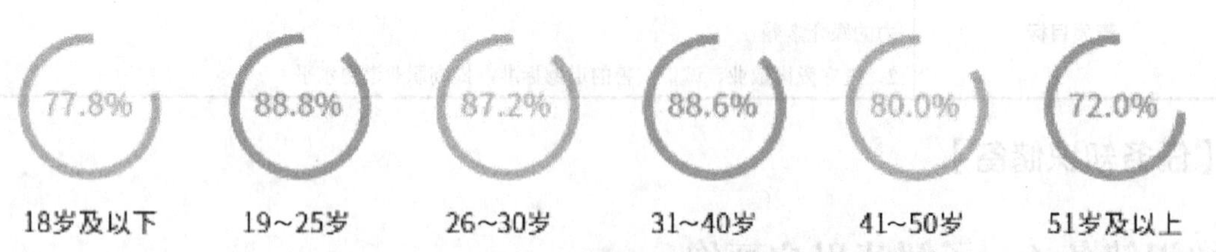
2021年中国各年龄段消费者对新形态茶的接受度
Acceptance of Chinese consumer in different age about new type tea in 2021
77.8%
88.8%
87.2%
88.6%
80.0%
72.0%
18岁及以下
19~25岁
26~30岁
31~40岁
41~50岁
51岁及以上

图 6-2　2021 年中国各年龄段消费者对新形态茶的接受度

调研数据显示，2021 年中国消费者最喜爱的茶叶是绿茶（54.6%），其次是红茶（46.5%），此外，养生茶、乌龙茶和花草茶也获得了不少消费者的青睐，如图 6-3 所示。根据数据可知，随着人们保健意识的增强，养生茶成了不少人日常选择的茶饮。总体来说，除传统的绿茶、红茶、乌龙茶等品类之外，市场上各种对应不同需求混合调制的茶叶品类也在不断增加。

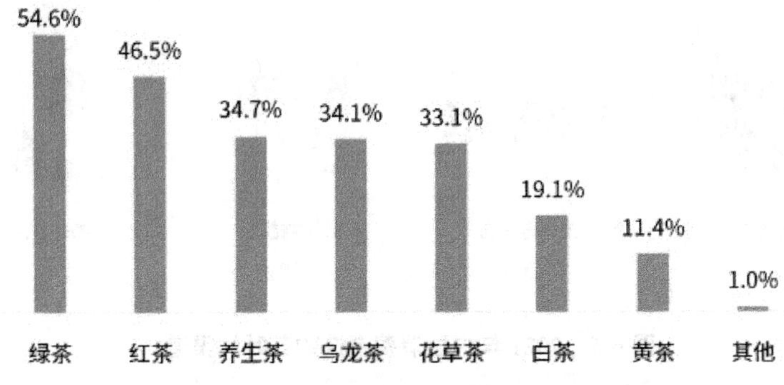

图 6-3 2021 年中国消费者偏好的茶叶品类

据调查，为了自己喝而购买茶叶的消费者会更注重茶叶的性价比，选择的茶叶在 100 元以下的消费者占比超过 40.0%，而以送礼为目的的消费者会购买价格更高的茶叶，购买的茶叶在 200 元及以上的消费者占比 24.5%，如图 6-4 所示。艾媒咨询分析师认为，目前茶叶市场价格分化较为明显，散装茶叶价格较为大众化，礼盒装的茶叶价格普遍较高。

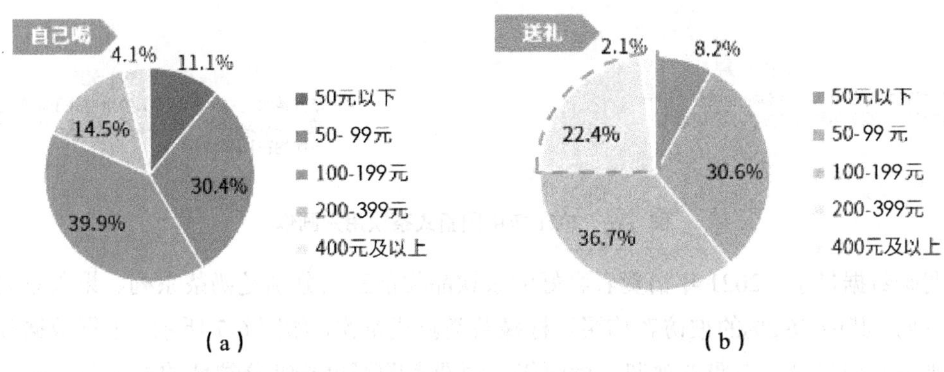

图 6-4 2021 中国消费者单次购买茶叶的消费金额

调研数据显示，2021 年中国消费者选购茶叶的三大渠道分别是电商平台（56.0%）、茶叶专卖店（55.0%）和线下商超（48.6%），如图 6-5 所示。根据数据可知，一方面，茶叶专卖店和线下商超作为传统的茶叶销售渠道，具有分布广、选购产品较为直观等优势，因此依然具有较强的市场竞争力；另一方面，随着直播电商、社交电商等业态的发展，电商渠道逐渐发展成了消费者选购茶叶的重要途径，电商渠道具有品种丰富、购买方便等特点，受地域限制较少，消费者可以购买到来自全国甚至世界各地的不同茶叶品种，因此也受到了较多消费者的青睐。

图 6-5　2021 年中国消费者选购茶叶的渠道

2. 2021 年中国新式茶饮行业用户画像分析

通过对 2021 年中国新式茶饮的用户分析可知，其购买茶叶的特点主要体现在以下几个方面：中青年为主；女性用户居多；一二线城市用户居多；华东区域客户量较大。具体情况如图 6-6 所示。

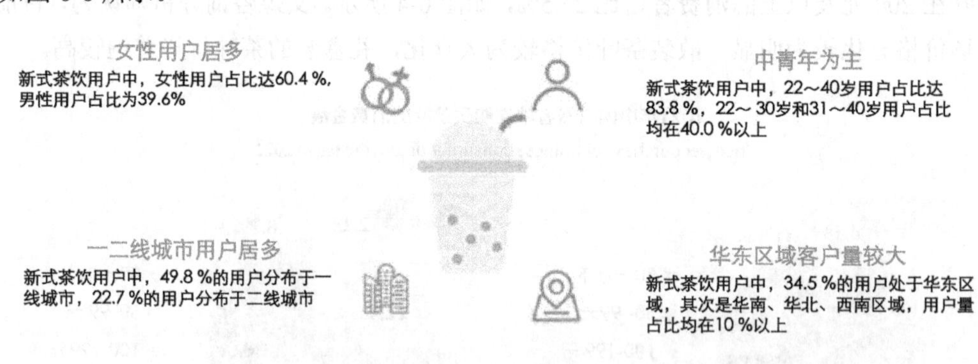

女性用户居多
新式茶饮用户中，女性用户占比达60.4 %，男性用户占比为39.6%
中青年为主
新式茶饮用户中，22～40岁用户占比达83.8 %，22～30岁和31～40岁用户占比均在40.0 %以上
一二线城市用户居多
新式茶饮用户中，49.8 %的用户分布于一线城市，22.7 %的用户分布于二线城市
华东区域客户量较大
新式茶饮用户中，34.5 %的用户处于华东区域，其次是华南、华北、西南区域，用户量占比均在10 %以上

图 6-6　2021 年中国新式茶饮用户画像

调研数据显示，2021 年消费者喜好的茶饮品类前三名分别是奶茶系列、果茶系列、奶盖茶系列，其中 96.2%的被访者购买过柠檬茶类新式茶饮，如图 6-7 所示。根据数据分析可知，奶茶系列仍最受消费者欢迎。近两年，消费者购买果茶细分领域的柠檬茶产品占比较高，柠檬茶有望成为细分领域的快速增长型系列产品。

调研数据显示，2021 年每周消费新式茶饮的消费者占比达 90.9%，每天都喝的占比达 21.8%。消费金额方面，51～200 元是新式茶饮消费者月均消费最多的区间，占比达 56.1%，如图 6-8 所示。可以看出，大多数消费者已经养成了每周喝新式茶饮的习惯，月均消费金额在 51～200 元的居多，新式茶饮市场潜力巨大。

调研数据显示，2021 年不会长胖、解渴效果更好、更健康是消费者购买柠檬茶产品的主要原因，占比均在 40%以上，88.6%的用户每周都会购买柠檬茶产品，如图 6-9 所示。可以看出，选择柠檬茶产品的消费者更注重健康饮食，多数消费者已经养成了每周喝柠檬茶产品的习惯，品牌可从健康方面对产品进行创新或增加更多健康品类的产品。

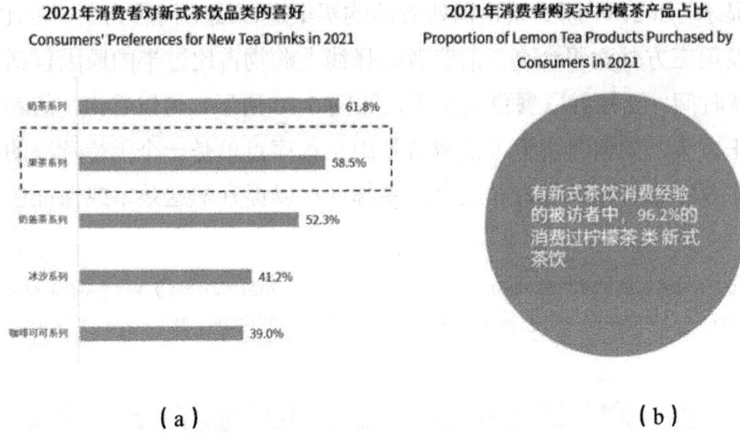

（a）　　　　（b）

图 6-7　2021 年中国新式茶饮消费者的购买品类偏好

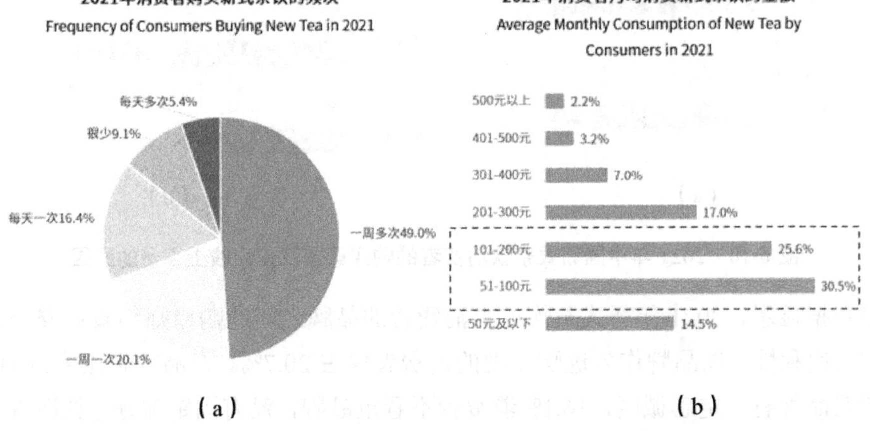

（a）　　　　（b）

图 6-8　2021 年中国新式茶饮消费者的购买频次及月均消费金额

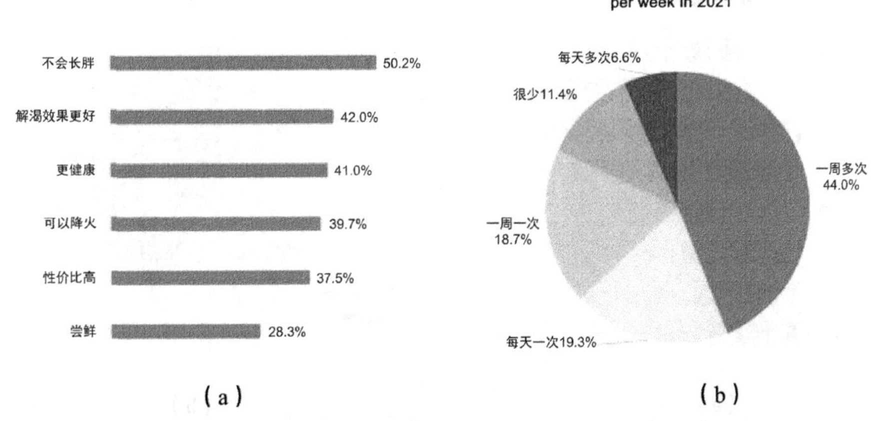

（a）　　　　（b）

图 6-9　2021 年中国柠檬茶产品消费者的购买原因及频次

调研数据显示，2021 年新式茶饮消费者的购买渠道以线下门店为主，占比为 72.0%，小程序点单率不及第三方外卖平台高。消费者选择线上购物占比过半的原因包括不方便去店内购买、较少排队时间、无接触取餐更安全等，如图 6-10 所示。可以看出，品牌自建小程序点单率不及外卖平台高，如何吸引更多消费者使用小程序点单是一个亟待解决的问题。消费者选择线上消费主要考虑方便、省时和安全，品牌方可以提升配送效率或保证包装安全，以吸引更多消费者。

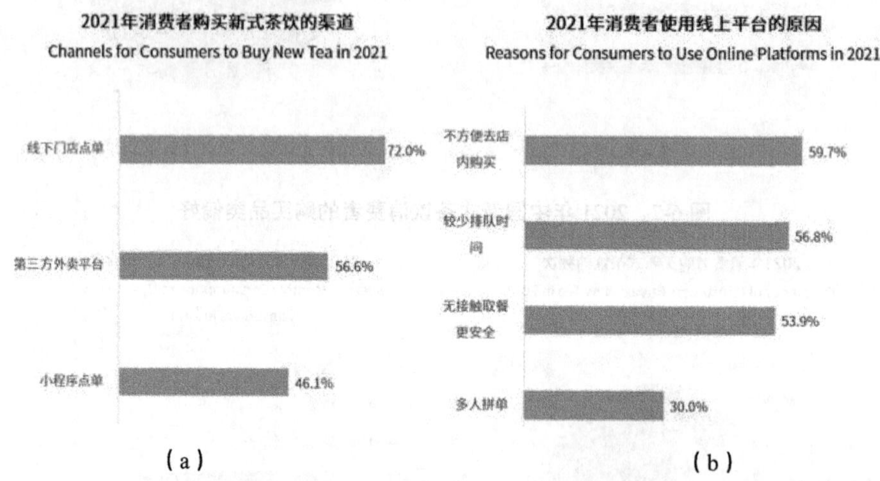

图 6-10　2021 年中国新式茶饮消费者的购买渠道及使用线上平台的原因

调研数据显示，2021 年新式茶饮过半消费者的品牌之间选购原则为质量安全、口感、价格、购买便利性，以品牌作为选购原则的消费者仅占 20.7%。在品牌忠诚度方面，40.9%的消费者对品牌有一定忠诚度，16.1%消费者不看重品牌，没有固定偏好，如图 6-11 所示。可以看出，品牌产品需以消费者购买因素为核心进行产品升级和改良。

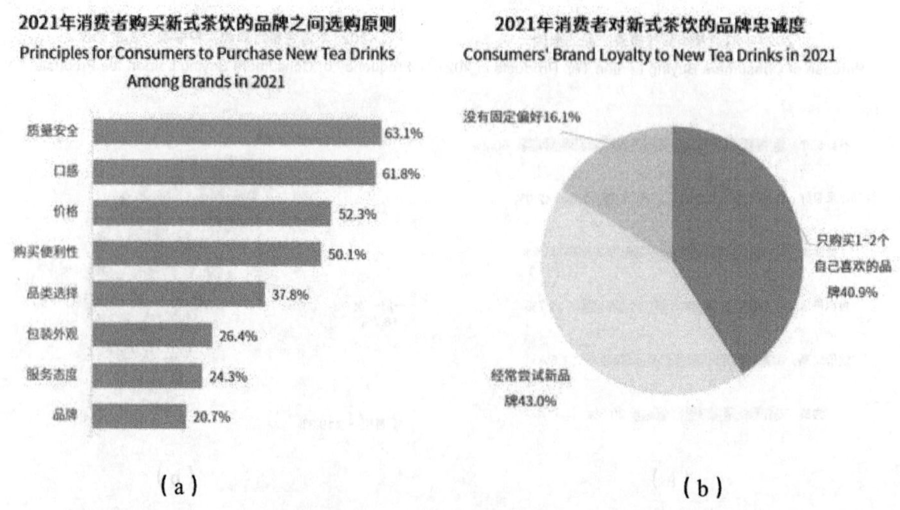

图 6-11　2021 年中国新式茶饮消费者的品牌之间选购原则及品牌忠诚度

调研数据显示，2021 年消费者购买新式茶饮的场景中，购物逛街、下午茶场景占比均超过 50%，聚餐、看剧、约会、工作等常见日常消费场景占比在 30%左右，如图 6-12 所示。可以看出，购物逛街、下午茶、聚餐、约会场景多在商圈、闹市区出现，品牌门店可以在这些区域布局。

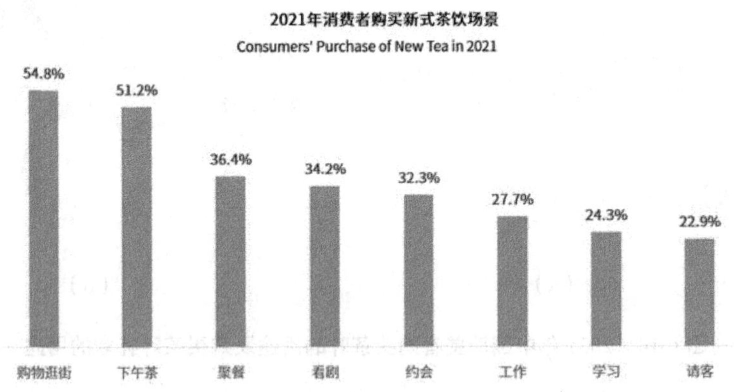

图 6-12 2021 年消费者购买新式茶饮场景

3. 2021 年中国茶叶礼盒用户画像

通过对 2021 年中国购买茶叶礼盒的用户分析可知，茶叶礼盒消费者主要是青年人，而他们购买茶叶的特点主要体现在以下几个方面：高中学历以上；中等收入群体；企业白领；居住在一二线城市。具体情况如图 6-13 所示。

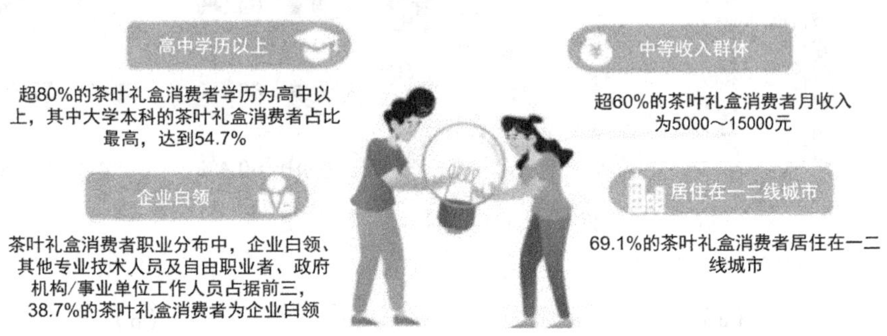

2021年中国茶叶礼盒消费者画像
Portrait of tea gift box consumers in China in 2021
青年人
接近50%的茶叶礼盒消费者年龄为31～40岁
高中学历以上
超80%的茶叶礼盒消费者学历为高中以上，其中大学本科的茶叶礼盒消费者占比最高，达到54.7%
中等收入群体
超60%的茶叶礼盒消费者月收入为5000～15000元
企业白领
茶叶礼盒消费者职业分布中，企业白领、其他专业技术人员及自由职业者、政府机构/事业单位工作人员占据前三，38.7%的茶叶礼盒消费者为企业白领
居住在一二线城市
69.1%的茶叶礼盒消费者居住在一二线城市

图 6-13 2021 年中国茶叶礼盒用户画像

调研数据显示，2021 年大部分消费者购买茶叶礼盒用于送礼，其中个人送礼和公司送礼的比例分别达到 85.6%和 42.2%，如图 6-14 所示。可以看出高品质茶叶产品在礼品市场具有广阔的市场前景。企业可以针对消费者的口味、年龄等给消费者选取性价比较高的茶叶，搭配不同的茶叶礼盒，专门定制。

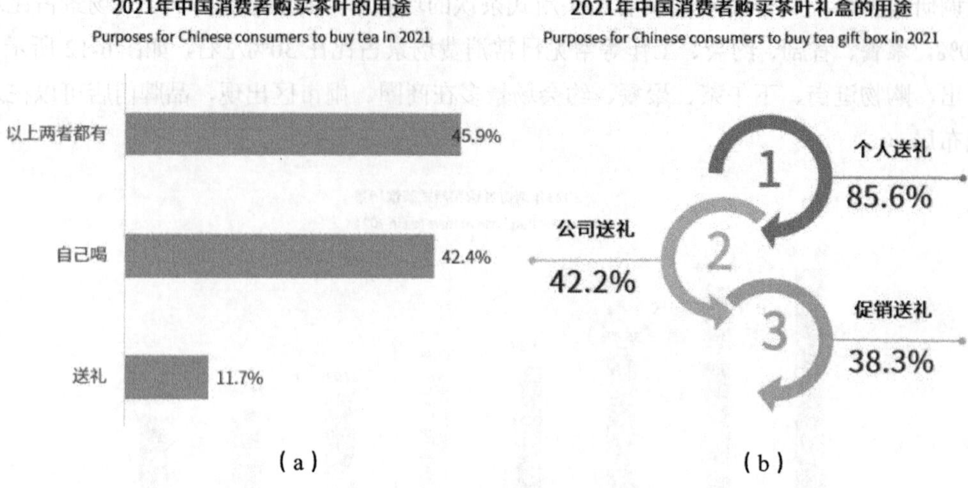

图 6-14 2021 年中国消费者购买茶叶的用途及购买茶叶礼盒的用途

调研数据显示，2021 年 70%左右的消费者愿意花费 101～400 元购买茶叶用于个人饮用，80%左右的消费者愿意花费 101～600 元购买茶叶用于送礼，出于两种购茶目的的消费者在购买时所考虑的因素中，质量因素都位列第一，分别达到 69.6%、62%，如图 6-15 所示。可以看出，消费者对个人饮用的茶叶更注重茶叶本身，对送礼的茶叶更注重性价比、品牌等。

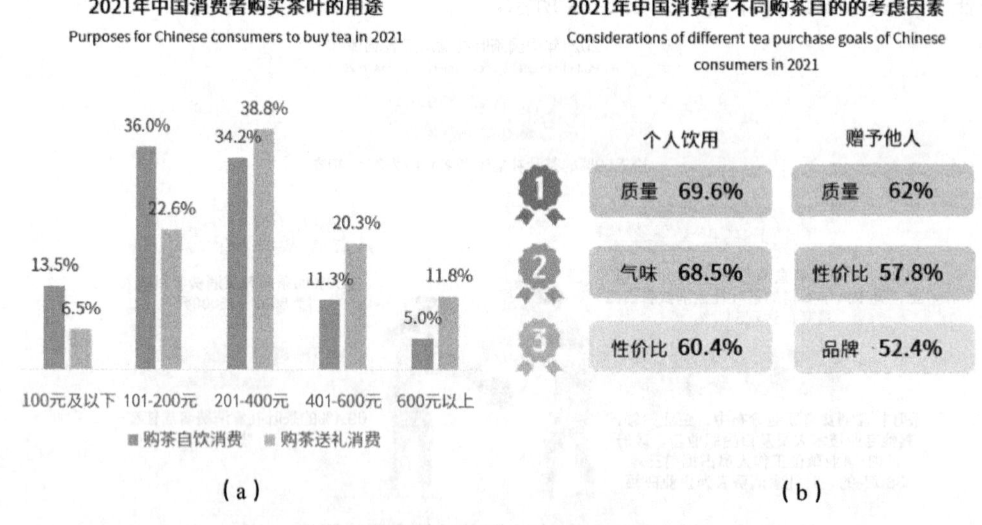

图 6-15 2021 年中国消费者购买茶叶的用途与考虑因素

调研数据显示，2021 年消费者对于个人饮用的茶叶大多数选择散装茶叶（66.8%），但在送礼时，通常会选择茶饼（59.1%）或袋泡茶（50.1%），相比散装茶叶，茶饼和袋泡茶更易包装，也更适合送礼；绿茶是个人饮用最多的茶叶品种，这表明中国消费者比较偏好的茶叶品种是绿茶，但各大茶叶品种之间的差异并不明显。具体情况如图 6-16 所示。

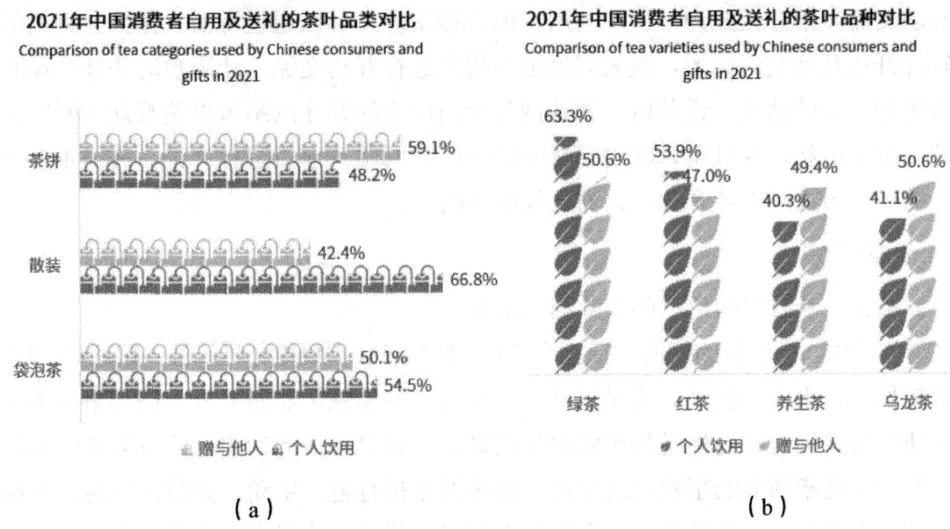

（a）　　　　　　　　　　（b）

图 6-16　2021 年中国消费者自用及送礼的茶叶品类对比与品种对比

调研数据显示，2021 年有 60.2%的消费者最希望提升茶叶礼盒的茶叶品质，其次是茶叶种类，如图 6-17 所示。可以看出，目前茶叶礼盒商家的重心放在包装外观上，而忽略了茶叶品质，中国茶文化影响广且深远，中国消费者对于茶叶品质有着较高的要求。

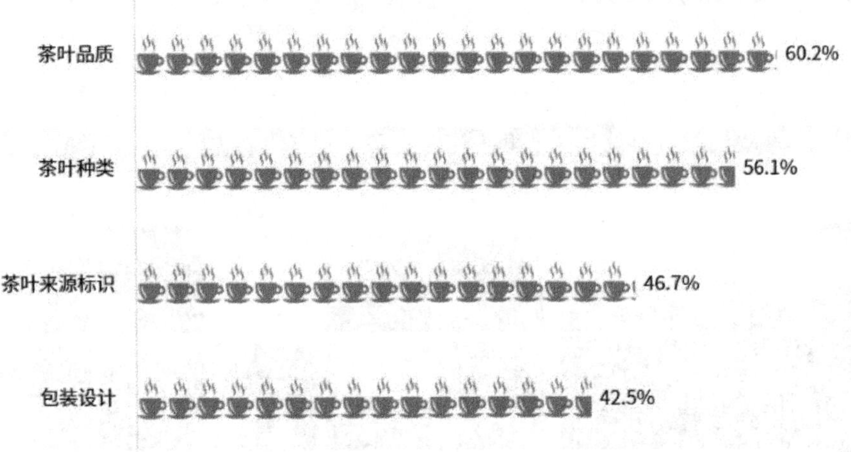

图 6-17　2021 年中国消费者关于茶叶礼盒可提升方向感知

知识储备 2　设计茶用户互动话题

1．互动交流：给茶叶贴上时尚与网络的标签

互动性是新媒体时代最鲜明的特征，实际上是指在各种社交或直播活动中传播者与受

众的互动交流。茶叶企业为了实现与用户的直接交流，可以通过微信、微博、直播等各种社交软件开通互动交流渠道，最大限度地与用户进行互动交流，让用户对茶叶产品和茶叶品牌有更加直观的感受。说茶网、茗茶网等专门成立的茶叶网站可以使观众（网友）随时了解茶叶行业现状，并且可以就自己喜欢的茶叶与网站管理员进行讨论，或与主办方进行交流，缩短了用户与茶叶企业、茶商之间的距离。

2. **话题提供**

（1）茶话：具有新闻价值的茶叶相关话题。

在新闻学中，有价值的新闻包括五个要素：时新性；重要性；显著性；贴近性；趣味性。

时新性是指事实（活动）的时效性和创新性。重要性，显而易见，同类事实中较重要的作为新闻的首选。显著性是指事实效果的显著，效果包括活动的直接效果和带来的社会效果。贴近性是指新闻的事实贴近受众。趣味性是指有趣、生动、活泼。目前，各地的新闻报道都力求贴近性、趣味性。社会新闻有很多，茶叶企业就大有文章可做。例如，几年前，北京市场上现炒现卖的龙井茶就是被新闻媒体推出来的。如图 6-18 所示，中国茶网中的话题，都是互动话题的首选。

图 6-18 中国茶网

（2）茶艺：兼具艺术性与趣味性的艺术展示。

茶文化专家陈文华认为：“通俗地说，茶艺就是论茶的技艺和品茶的艺术。”茶学专家童启庆教授认为：“欣赏茶艺的沏泡技艺，应该给人以一种美的享受，包括境美、水美、器美、茶美和艺美。”“茶的沏泡艺术之美表现为仪表美与心灵美。仪表是指沏泡者的外表，包括容貌、姿态、风度等；心灵是指沏泡者的内心、精神、思想等，通过沏泡者的设计、动作和眼神表达出来。”

虽然现代生活的节奏非常快，但在闲暇之余，冲泡一盏茶，享受片刻悠闲，是很多饮茶之人的爱好。茶文化宣传中，在“以茶会友”时，插入一些优美的茶艺表演，无疑会给受众美的享受。很多网友在观看中国茶艺表演后表示：“我们在观看茶艺表演的时候，表演者的服饰和优雅娴熟的动作，配合舞台背景（或采用影幕形式）显示的大自然风光，以及表演者所传递的主题思想，似乎把我们的心灵带到了‘天人合一’的情景中。”这样的茶艺展示必然很吸引人，但一定要注意营造艺术氛围，不要直接突兀地展示。图 6-19 所示的茶艺展示能够给受众美的享受。

图 6-19 茶艺展示

（3）茶具：优质茶叶与茶具更加适配。

“老茶壶泡，嫩茶杯冲”，正说明了老茶、新茶对茶具的要求，茶要搭配的茶具也是有大讲究的。

首先，要看茶具的实用性；其次，要看茶具有没有欣赏价值；最后，要看茶具利不利于茶性的发挥。

不同地方配备的茶具不同。我国有很多不同的喝茶风俗，因此不同地方配备的茶具也不同。例如，广东潮州、汕头的人们都喜欢用小杯喝乌龙茶。

不同的人喝茶配不同的茶具。在古代，茶具的不同反映了人们身份地位的不同。在现代，收入较低的人也不会买那些昂贵的茶具。

根据茶叶来选择茶具。喝花茶可以用壶来冲泡，这样有利于香气的保持；喝红茶或绿茶，可以选择有盖的壶、杯或碗来冲泡，这主要是注重茶的韵味；喝乌龙茶可以用紫砂茶具来冲泡，因为乌龙茶重在“啜”。如图 6-20 所示，茶具与环境相互映衬，体现了饮茶的优雅、闲适之意。

图 6-20　茶具

（4）茶人茶事：哪种茶叶更受青睐？

你是喜欢传统原叶茶，还是喜欢现代新式茶饮？你青睐于高颜值的包装，还是潮流的设计风格？你是喜欢风趣的茶话会，还是喜欢古色古香的茶艺展示？

在面对品种多样，产品丰富的茶叶产品时，你将何去何从？茶叶企业要为茶用户讲解茶叶知识，宣传茶叶特点，为茶用户提供更加符合其需求的茶叶产品。

【任务实施】

步骤一：组建学习任务小组

教师根据学生的学号随机划分学习任务小组，每 5～6 人为一个小组，由小组成员自行选举小组长。

步骤二：任务分工

由小组长组织小组成员对如何完成本项目的学习任务“茶用户互动话题打造”进行充分讨论，然后制订完成该学习任务的初步计划，将任务目标细化成数个子任务，同时小组成员之间做好任务分工。

（1）通过问卷调查的方式进行茶用户画像，分析不同茶叶爱好者的特点。

（2）通过问卷调查的方式选择茶用户感兴趣的话题，分析不同年龄、喜好的茶用户关注和喜欢的茶叶信息。

步骤三：为讲演介绍做准备

小组成员做好分工后开始搜集资料，或网上搜寻，或去图书馆翻书查阅，或实地探访茶叶企业经理与茶店经营者，最后整理好文档，形成 PPT 或书面报告，小组成员依次上台讲演介绍。

步骤四：评价

小组成员完成讲演任务后，可以先进行自我评价和自我分析，然后由台下其他小组对其进行打分和评价，最后由教师简要点评并总结。评价内容、评价标准及各项目的分值见【任务评价】。

【任务评价】（见附录 A）

【任务巩固与案例分析】

一、任务巩固

1．如果由你负责调查茶叶消费者的特点，你应如何入手？

2．如果由你负责策划一场茶叶营销活动，你应如何打造互动话题？

二、案例分析

众所周知，在茶饮行业中产品是根，营销是术。茶饮人必须守住产品的“正”才能用营销来出“奇”。2020 年，茶系青年利用话题活动另辟蹊径，视频播放量超千万次，成为茶饮行业营销的一匹黑马。

作为一个诞生于三四线城市的茶饮品牌，茶系青年在 2020 年全国门店突破千家，服务顾客超过 2 亿人次，平均每天卖出奶茶超百万杯。其品牌影响力的成绩也非常亮眼，2020 年荣登中国十大茶饮品牌，这背后发展的逻辑是什么？

随着新式茶饮的疯狂扩张，近两年来“网红奶茶”集中爆发，如今，奶茶行业已拥有千亿元的市场规模。各路品牌齐聚，茶饮江湖热闹非凡。不过，从业内专业角度来看，茶饮行业在高速发展的过程中仍然存在很多问题，其中产品同质化问题较为严重。

为解决这一问题，茶系青年几乎每一个多月就上新一款产品，会根据相应的季节或地区推出应季产品或地区限定等。目前，茶系青年菜单栏上包含有料奶茶、鲜果茶、冬日经典、雪顶系列、圣代系列、麻薯系列六大奶茶系列30多款产品。并且，茶系青年几乎每次推出新品都会配合不一样的营销活动，实现品牌价值的延伸。例如，2020年3月新品上市发起挑战赛、10月推出买一送二优惠活动、11月推出第二杯半价活动等。

茶饮品牌在营销上花式布局，从根本上来说是为了"讨好"年轻人，通过更年轻化的营销方式紧跟潮流步伐，使品牌得到当代年轻人的青睐。而营销动作不断的茶系青年，无疑在年轻人群中闯出了一番新的天地。

2020年，茶系青年开年第一款新品，官方在营销上并没有怠慢，针对新品玩出了新花样，这款产品选择在抖音平台发起挑战赛，征集抖音创意作品，开启互动新玩法。

阅读完以上案例资料，关于茶用户画像与互动话题打造，你受到了什么启发？

任务6.2　茶用户互动渠道选择

【任务分析】

互联网时代的互动性实现了茶叶企业与茶用户的直接交流，茶叶企业针对不同的用户群体选择合适的互动渠道，能够更加精准地实现目标群体定位，能够为茶用户提供更加个性化的服务。茶叶企业可以通过社群、微信、微博、直播等渠道开启互动模式，增强与茶用户的互动性，提高客户黏性，提高茶用户对茶叶产品和茶叶品牌的忠诚度。

【任务目标】

知识目标	1. 认识茶用户的社群互动 2. 认识茶用户的微信互动 3. 认识茶用户的微博互动 4. 认识茶用户的直播互动
技能目标	1. 能够简单分析社群营销，为茶用户提供个性化的茶叶产品和服务 2. 能够简单分析微信营销的优势及营销策略，为茶用户提供个性化的茶叶产品和服务 3. 能够简单分析微博营销的机遇和挑战及营销模式，为茶用户提供个性化的茶叶产品和服务 4. 能够简单分析直播营销的作用，为茶用户提供个性化的茶叶产品和服务
素质目标	1. 在互联网时代，能够分辨各种媒介信息的有效性，具有互联网时代的媒介素养 2. 坚定理想信念，自觉遵守职业道德，遵纪守法

【任务知识储备】

知识储备1　认识茶用户的社群互动

1. 茶叶拥有很好的社群经济"基因"

什么叫社群？传统的理解是基于血缘和地缘的村落。但在移动互联网时代，每个人可以随时随地地通过智能手机等移动端，找到具有相同志趣、相同爱好、相同才能的同类，这些“同好”们聚在一起，就形成了现代新型社群。在这个社群里，大家有基本的互信，经常沟通、建立感情、互相帮助，从而形成强大的凝聚力，也使这个圈子越来越大。

并不是所有的品牌或产品都能发展社群经济，但是茶叶可以，它是一个天然的能够无缝流淌进大家心灵的东西，企业可以通过各种茶文化交流、茶互动活动等打造出自己的忠实粉丝社群。

2. 社群营销

社群如何挣钱？有一个不二法门，就是“开个庙”。具体可以这样理解：有一本经；有一个地方；来不来人都要念。三句话形象地展示了做社群需要我们有理念，需要我们有一个可以交流的场所，需要我们坚持不懈地为之付出努力。用户行为价值是商业价值的基础，社群为用户提供了渠道和对应的产品，并通过活动运营获取收益。

茶叶的社群属性有哪些？它重构了人与人之间的关系，建立了一个场景，搭建了一个社交平台，整合了一个同人社区和生态圈。这些属性可以为茶行业社群提供很大的想象空间。基于此，得出了社群运营的“三法印”解决思路：有趣比有用更重要；运营人比产品更重要；非主流比主流更重要。

（1）茶叶社群营销的产品与服务发展策略。

① 企业要时刻关注产品的营销量，同时还要关注客户需求、产品价值定位等。企业要想取得社群营销的成功就要做好产品的生产及一系列环节，保障在产品价值定位、产品包装等各个部分都渗入社群营销的观念，并时刻关注社群营销需求的变化，拉近与消费者之间的关系，在社群营销中注入新的发展观念，不断扩展产品的内涵和外延，重新整合企业的产品营销。

② 企业要将消费者需求与产品价值相结合，对有形茶叶产品进行补充。企业对自身茶叶产品做出精准定位之后再运用市场需要的方式进行包装，给茶叶产品附加更多的个性化气息，吸引更多的茶叶消费者。此时提供的外包装就是茶叶企业的服务，此项服务是否能够满足消费者的需求将直接影响茶叶企业的产品销售量。企业所采取的营销方式和服务方式直接关系到消费者对产品的满意程度，可以适当弥补茶叶企业物质条件上的不足。

（2）茶叶社群营销的价格模式。

价格是市场竞争中最为突出的影响因素，也是影响企业经济收益的最直观因素，它不仅直接影响消费者的选择，还影响企业的可持续发展。因此，制定出科学合理的价格是市场营销中实现企业与消费者和谐的重要手段。

在社群营销中加入体验环节能够在茶叶价格中加入消费者的主动，让消费者不仅能够感受到茶叶市场的规范，还能获得一定的体验价值。茶叶社群营销理论提出消费者购买的茶叶产品属于整体的消费利益，茶叶价格的最终确定也不应当仅仅受到茶叶成本的限制，除产品本身价值之外，产品的价值形象也会直接影响企业的销售状况。

知识储备 2　认识茶用户的微信互动

1. 微信成为茶叶企业的营销新宠

在很多茶叶产品的包装上，都有二维码的影子，只要用手机扫一扫，就可以进入企业微信平台，详细地了解产品信息。茶叶企业已经认识到了微信推广的快速、便捷、高效等优势，纷纷打出微信促销活动，聚集大量展商。微信正成为茶叶企业的营销新宠。随着微信用户的不断增多，茶叶企业也嗅到了微信带来的商机，不少茶叶、茶具企业开始试水微信，希望借助新媒体的力量获得更大的市场。

微信是基于移动互联网，较好地融合了私密性和功能性的一款社交工具，实现了真正的一对一、一对多对话，将文字、图片、视频互动融为一体。微信的传播基于交友文化，可以导入 QQ 好友、手机通讯录，可以找到身边的人，让用户之间产生信赖，而这是微博及互联网时代的其他通信、社交工具所无法赋予的特性。通过图 6-21 所示的茶叶微信公众号，用户可以随时随地地了解茶叶相关内容。

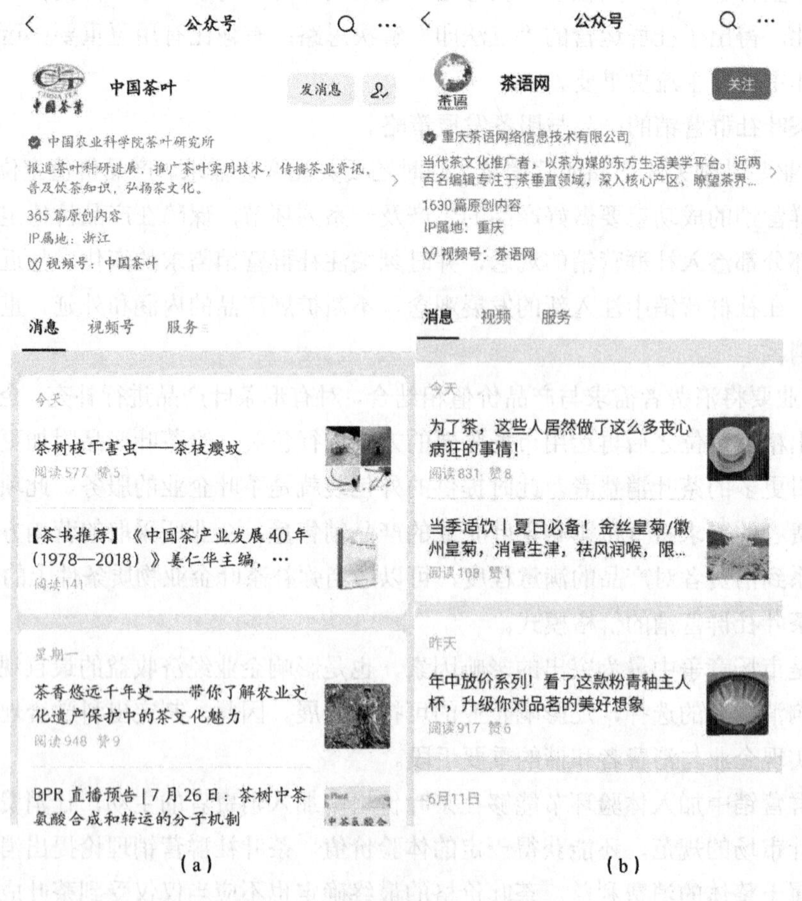

（a）　　　　　　（b）

图 6-21　茶叶微信公众号截图

相对于一些传统的营销工具，微信营销究竟具有哪些优势？

（1）高到达率：营销效果很大程度上取决于信息的到达率，这也是所有营销工具最关注的地方。与手机短信群发和邮件群发被大量过滤不同，微信公众号所群发的每一条信息都能完整无误地发送到用户的手机上。

（2）高曝光率：曝光率是衡量营销效果的另外一个指标。信息曝光率和到达率完全是两码事，与微博相比，微信拥有更高的曝光率。微信是由移动即时通信工具衍生而来的，具有很强的提醒力度，如铃声、通知中心消息停驻、角标等，随时提醒用户收到未阅读的信息。

（3）高接收率：微信已经超过手机短信和电子邮件，成为主流信息接收工具，其广泛性和普及性成为营销的基础。除此之外，由于公众号的粉丝都是主动订阅而来的，信息也是主动获取的，不存在信息遭抵制的情况。

（4）高便利性：相对于电脑而言，智能手机不仅拥有电脑所拥有的大部分功能，而且携带方便，用户可以随时随地获取信息，这给商家的营销带来了极大的方便。微信除公众号这个功能之外，还有查看附近人、摇一摇等功能，这些功能看似简单，深入研究后都能转化为有效的营销利器。

2. 微信营销策略

“微信扫一扫 码上就有礼”“加入我们微信平台，并在朋友圈分享一张与我们产品相关图片，就能免费获得一盒精装茶礼盒”……在微信盛行的当下，安溪县众多茶叶电商纷纷转战微信平台，通过微信平台传递信息，进行新媒体营销，迈向营销“微时代”。

“在茶行业内，微信不仅是常用的社交工具，也是茶叶营销新工具。”祺彤香总经理苏清阳是微信营销的尝鲜者。苏清阳认为，“一张桌、一把壶、一注水、一泡茶，等客上门”的销售模式早已远去。微信营销具有高到达率、高曝光率、高接收率、高便利性四大优势，企业借助微信平台发布茶叶市场和产品信息，与消费者互动，能建立一个更精准的营销渠道，可增加茶叶产品的销售量，进一步提升茶叶企业的市场竞争力。

“微时代”滚滚而来，茶叶企业如何用微信寻找发展空间呢？郝健佐分析，茶叶企业应该将微信作为品牌根据地，而不是销售集中地，通过微信公众号向公众展示其微官网、微会员、微推送、微活动等，吸引更多人成为粉丝，在潜移默化中将其普通粉丝转化为忠实粉丝，进而成为忠诚客户，促进茶叶企业更好、更快发展。

随着微信的日益普及，大小茶叶企业迅速占领阵地。但与此同时，有些商家微信营销并不得法，赔钱赚吆喝的不在少数。对此，业内人士认为，微信运营目前并不在乎用户数的多少，而在乎用户质量的高低及内容运营匹配度，微信推广渠道还需要茶叶企业不断摸索和探讨。

知识储备 3　认识茶用户的微博互动

1. 微博营销的机遇和挑战

微博是一个信息共享平台，同时也具有网络社交的功能，而营销功能实际上是由以上两种功能衍生出来的。在微博平台上，只需要 140 字符以内的文字就可以轻松实现信息共享，并引来众多网友的围观。中国互联网络信息中心（CNNIC）第 40 次调查报告显示，截至 2017 年 6 月，我国网民规模已经达到了 7.51 亿人，而 2014 年 1 月之前是 6.18 亿人。截至 2017 年 6 月，互联网普及率已经达到了 54.3%。我国茶叶企业能否把握到这一社会化营销的机遇及如何结合自身情况恰当地进行微博营销是其能否适应快速转变的营销环境的关键。

微博营销的优势大致体现在微博用户数量巨大、微博功能齐全及开放和完善的微博营销环境这三个方面。

（1）微博用户数量巨大。据统计，截至 2017 年 3 月 31 号，每月在微博活跃的用户已经达到了 3.4 亿人。值得一提的是，其中并不包括部分只开通了微博但是不经常使用微博的用户。也就是说，实际注册过微博的用户一定是不少于 3.4 亿人的。对于商家而言，每一位注册微博的个人用户都是潜在的消费者和营销对象。3.4 亿多用户的数量也从侧面为企业展现了一个潜在的、庞大的营销市场。

（2）微博功能齐全。2014 年 1 月，新浪微博与阿里巴巴合作，联合推出了"超级支付"功能。这个功能使用户即使在微博界面也可以直接选择支付宝进行支付，极大地方便了消费者，有利于促成企业产品的营销。

（3）开发和完善的微博营销环境。微博是一个向全球开放的平台，微博用户遍布全球各地，并且其极快的信息传播速度可以使茶叶产品的营销信息在最短的时间内传递给用户。我国茶叶产品在全球范围内都拥有较好的口碑，对于茶叶生产商而言，其只是缺乏一个推送平台，而微博正是这样一个平台。

2. 微博营销模式

茶叶产品微博营销主要分为品牌营销、病毒式营销和用户体验营销这三种模式。值得一提的是，这三种模式并不是独立开来的，而是强强结合共同作用于一个连贯的营销方案中的。

（1）品牌营销。面对同样质量和样式的产品，很多消费者宁可多花几百块钱去买过硬品牌的产品也不会买便宜的杂牌产品，因为品牌既能带给消费者信任，又能满足消费者的心理需求，这是品牌自带的优势。茶叶企业要利用微博进行品牌营销，先要做的就是进行实名认证。微博对于实名认证的用户都会添加一个"V"的标志，这个标志诏示着其身份的真实性。微博还为企业建立了专门的企业认证渠道，这可以让用户很好地将企业与个人用户区分开来。在茶叶产品的营销上，与客户建立了信任关系的茶叶企业在微博上的品牌营销之路将会顺利得多。

（2）病毒式营销。所谓病毒式营销，就是利用第三方的口吻进行宣传，这是巧妙利用受众心理进行营销的模式。消费者通常会对目的性很强的营销产生抵触情绪，如果一名茶叶销售员告诉你他手中的茶叶物美价廉你可能不会相信，但是如果有其他消费者告诉你那款茶叶产品物美价廉你可能就相信了。这是弱化营销目的、降低客户防备心理，从而促成交易的营销模式。在微博上，这种病毒式营销一般分为转发和直播两种方式。转发就是茶叶销售方编辑好营销文案，然后通过多人转发，使茶叶产品的营销文案最大限度地向全球范围扩散，从而达到营销的目的。直播是指茶叶销售商可以直接联系一些“网红”主播，让他们通过直播对茶叶产品进行宣传，从而达到获取客户信任及激发客户购买欲望的目的。

（3）用户体验营销。在茶叶产品营销过程中，虽然达成销售是营销最直接的目的，但是产品的口碑也是茶叶销售方需要注重的板块。茶叶产品的口碑不仅包括产品质量，还包括为产品提供的服务，也可以称为用户体验。微博上有商户与用户互动的平台。茶叶销售方可以专门培养一批优秀的产品客服在微博上积极与客户进行沟通，响应客户的需求，反馈客户的问题，通过在售前、售中、售后给客户提供专业、耐心的服务，起到收获茶叶产品口碑、树立茶叶产品形象的效果。

知识储备4　认识茶用户的直播互动

1．茶叶直播营销的作用

（1）新的营销模式，满足客户猎奇心。

传统的营销模式往往会让客户产生审美疲劳，同时多环节的营销导致茶叶价格高，这引起了大众的矛盾心理。在直播带货模式下，茶商从源头销售，省去了中间环节，使客户在得到利益的同时，也对这个新颖的营销模式非常喜欢。

在运营中，茶商通过直播带货的方式销售，可以给客户展现直播间的场景，也可以给客户展示茶叶种植区的场景，如此不但可以提高客户的信任度，也可以让客户看到茶叶的来历，了解茶文化，满足客户猎奇的心理。

（2）茶商面对面宣传茶叶，提升客户对其的信任。

传统运营模式环节多，因此茶叶产品价格高；茶商选择电商模式运营，由于看不见、摸不着，所以客户还是比较担心，怕买到假货；茶商采取直播带货的方式，可以将茶叶产品真实地展现在客户面前，让客户感受到茶叶的真实性，提升对其的信任。

借助直播带货的方式，茶商可以面对面地告诉客户这些茶叶的特点、好处，甚至告诉客户怎样去冲泡，如此就可以激发大家的购物欲望。茶商的面对面讲解可以让客户对其更加信任，从而实现及时变现。

（3）“直播+营销活动”，促进变现。

商家可以借助直播模式来打造营销活动，激发客户的购物欲望，促进变现。通过设计各类营销活动，商家可以运用直播调动大家的积极性，有助于促使客户下单。

例如，商家在直播过程中设计直播秒杀活动，通过语言来活跃现场气氛，调动客户购物的积极性，这样就可以更好地促使客户下单。

（4）直播可以锁住客户，打造私域流量池，有助于提升客户复购率。

茶商在直播过程中，可以通过各类互动或发福利等方式来拉客户进入微信群，如此一来就能锁住客户。简单地说，商家这样做就是打造私域流量池，为后期的营销打下坚实的基础。

直播过程中，茶商可以告诉大家加入微信群就可以获得新茶试用机会，喜欢喝茶的客户自然会加入微信群，这些其实都是茶商的精准客户。吸收到微信群的客户越来越多，就形成了茶商的私域流量池。在以后直播带货时，商家在微信群发布直播信息，就可以促使客户进入直播间观看直播，如此有助于促使客户再次消费。

2. 茶叶直播营销

有人说，新冠肺炎疫情改变了整个世界。直播，尤其是直播电商就是这个"改变"的生动体现。近两年，直播电商快速发展，形成了一个令人心动不已的新行业，无数人摩拳擦掌、蜂拥而入。

（1）直播电商"内卷"，各大茶叶企业纷纷入局。

随着我国网民规模的进一步扩大，消费者对直播互动性、社交性、娱乐性特点的认知程度逐渐加深，直播带货提供给消费者更优惠的价格、更直观的介绍、更高度的信任，消费者群体对网络直播和直播电商的接受度正逐步提高，日均观看直播的时长持续增加，直播电商用户在整体网民中的占比明显增加，越来越多的人认可在直播间购物的消费方式。

直播电商的红利与风口刺激着各大茶叶企业相继进驻各大直播平台。大益、中茶等头部茶叶企业纷纷创立官方抖音号；小罐茶、华祥苑、文新茶叶等茶叶企业负责人在抖音平台献出了直播首秀；武夷星借助天猫平台进入直播电商；八马茶业通过抖音平台在线上为粉丝讲解不同茶类的选购及储存方法……

（2）个人主播减少，企业自播成为新发展趋势。

经过试水后，不少茶叶企业意识到直播带货也不仅仅是在几大直播平台上开通一个直播号那样简单的。个人主播由于其专业性、高流量、高转化率而较早被商家采用，为品牌带来了流量，提升了短时间内的销量。但短时间的流量忠诚于主播，属于阶段性的销量提升。现在，越来越多的商家采用企业自播，商家通过与消费者即时互动，提供针对性服务，帮助消费者做出购买决策，以此获得忠诚于品牌的消费者。据统计，目前企业自播已经成为众多品牌的主要销售场景之一，2020 年企业自播成交额占整体直播电商的 32.1%，预计 2023 年占比将接近 50.0%。

很多头部茶叶企业开始尝试与媒体联合发挥资源整合优势，降低对个人主播的依赖性，吸纳培训茶叶企业自有的运营人才，引进电商界创新人才组成自己的 MCN，并尝试打造自己的头部主播方队。

（3）沉浸式、个性化内容，提供便捷的信息获取途径。

"图文+短视频+直播"三位一体的组合营销有着越来越重要的价值。淘宝、快手与抖音三大平台在内容形式与流量玩法上不断互补。对于淘宝来说，内容是平台的重要板块，猜你喜欢、聚划算等推送宣传文字变得越发简短。同时，消费者对宝贝详情页的浏览减少，淘宝增加了直播与短视频的呈现。

很多茶叶企业在直播内容上，挖掘茶叶蕴含的文化底蕴，尝试将古风视频、传统茶叶制作工艺、茶叶品鉴等一系列文化融合在直播中，辅助产品销售。以小茶婆婆为例，小茶婆婆在直播中充分地发挥了其内容优势，深度围绕产品做直播。商家在直播中把一杯茶从茶山到茶桌的故事讲给客户听，分享泡茶、煮茶、喝茶的方法和细节，还不断鼓励客户在直播间分享喝茶体验，与客户形成良性互动，加深了客户对品牌的信任和情感。

（4）真实快速的需求反馈，按需生产正向循环。

直播电商的发展为直播行业注入了新活力，为用户提供了创新的展示形式和消费模式。直播电商拥有互动性、专业性与高转化率等优势。根据第三方平台对直播电商数据的实时掌控，茶叶企业可以对消费者进行更迅速、准确、真实的前端洞察，极大地缩短了数据收集与分析的周期，使数据的可用性与结论性更强。同时，直播间具有及时征集消费者需求与反馈真实意见的优点，可以让茶叶企业更加灵活精准地控制研发设计与产销匹配情况。

采用直播电商模式来进行茶叶营销，能够使茶叶企业更加真实、快速、精准且稳定地了解消费者的需求及反馈。同时，鉴于茶叶主播和茶叶企业合作关系的紧密性，茶叶主播对于茶叶企业的成本结构有较深的了解，能够对茶叶价格进行合理调整。这样既能使消费者享受到高性价比的好茶，又能使茶叶企业保证合理的利润率。

（5）抓住直播电商红利期，让冲刺变长跑。

随着直播电商的快速发展，各大互联网平台的流量越来越多地往直播倾斜。直播电商为茶叶销售拓展了另一种可能性。茶农、茶商、茶叶企业、茶市等都有更多的机会让茶叶产品直达消费者，在一定程度上缓解了茶叶销售受阻的困局。

直播卖茶也让茶叶产品、茶文化有了更多出圈机会。直播过程中，茶叶企业对茶叶产品的推介和对茶文化的阐释，可以让消费者接触茶、了解茶，使茶叶产业走得更远。直播带货是作为一种营销手段出现的，其目的是帮助企业与商家抢占互联网平台的流量红利，以便更有效地售卖产品。产品如果有了强大的创新生产能力与营销的大力支撑，再佐以直播电商这个时尚的营销手段，必将成为新的消费热点。

【任务实施】

步骤一： 组建学习任务小组

教师根据学生的学号随机划分学习任务小组，每5～6人为一个小组，由小组成员自行选举小组长。

步骤二：任务分工

由小组长组织小组成员对如何完成本项目的学习任务“茶用户互动渠道选择”进行充

分讨论，然后制订完成该学习任务的初步计划，将任务目标细分为数个子任务，同时小组成员之间做好任务分工。

（1）选择数个茶用户社群，进群后观察茶叶经营者经常发布的信息特点，以及茶用户关注的话题。

（2）选择数个茶叶经营者微信公众号，关注后分析茶叶经营者经常发布的信息特点。

（3）选择数个有名的茶叶经营者微博账号，关注后分析茶叶经营者经常发布的信息特点，以及评论中涉及的话题。

（4）选择数个茶叶直播间，定时观看直播并分析直播间的内容主题，以及弹幕中关注的话题。

步骤三：为讲演介绍做准备

小组成员做好分工后开始搜集资料，或网上搜寻，或去图书馆翻书查阅，或实地探访茶馆与茶馆经营者，最后整理好文档，形成 PPT 或书面报告，小组成员依次上台讲演介绍。

步骤四：评价

小组成员完成讲演任务后，可以先进行自我评价和自我分析，然后由台下其他小组对其进行打分和评价，最后由教师简要点评并总结。评价内容、评价标准及各项目的分值见【任务评价】。

【任务评价】（见附录 A）

【任务巩固与案例分析】

一、任务巩固

如果由你负责茶叶线上营销渠道，你要如何根据渠道特点制定合适的营销策略？

二、案例分析

喜茶创新直播方式，实现品效双赢

2022 年，喜茶首场会员日直播活动在其官方微信视频号推出。在直播中，喜茶邀请了潮流设计师、喜茶周边产品设计师等嘉宾，围绕喜茶和藤原浩联名活动分享了联名产品背后的灵感故事。此外，喜茶还在直播中全渠道首发和藤原浩联名的茶渣灵感随行杯套装。

此次喜茶以品牌沟通为主、带货为辅的直播引起了粉丝们的关注，吸引了 32 万人次观看，点赞数超过 56 万。而和藤原浩联名的茶渣灵感随行杯更是在直播中上架即被秒光。喜茶以品牌化、内容化打造的创新直播方式，收获了用户的积极参与，实现了真正的“品效合一”。

据悉，喜茶会员日直播是喜茶为粉丝打造的专属“宠粉嘉年华”，是喜茶与粉丝和消费者互动的重要渠道。近期，喜茶和藤原浩的联名活动引发全网关注，因此喜茶在本次会员日直播活动中，围绕喜茶和藤原浩的联名活动与粉丝进行了全方位的互动。

此外，喜茶周边产品设计师还在直播中重点分享了和藤原浩联名的茶渣灵感随行杯套装研发、设计背后的故事细节。据了解，藤原浩对于细节的极致追求体现在这款随行杯皮包的材质、拉链、链扣、包带等方面，使之最终呈现出更加强烈的街头色彩。

此前，喜茶就已经开始尝试此类创新直播，通过全新的直播形式和内容，增进和用户的互动，有效传递品牌信息。2021 年 12 月底，喜茶微信视频号推出了直播首秀，全新引入了品牌分享环节，为用户阐释喜茶门店的设计内涵、介绍爆款产品、揭秘产品背后的故事。创新的直播形式引发广泛关注，最终该次直播观看人次超过 20 万，点赞数超 23 万。

2022 年 1 月，喜茶又以同样的理念尝试了抖音直播，通过年度盛典直播这种“以品牌沟通为主”的创新直播形式，深入挖掘品牌故事，揭秘产品研发台前幕后的故事，从而传递品牌内涵。

阅读完以上案例资料，关于茶用户互动渠道选择，你受到了什么启发？

任务 6.3　茶用户互动活动策划

【任务分析】

茶叶活动是为了提供一个平台让更多的人认识茶、了解茶，让爱茶的人更亲近茶，将茶真正地融入我们的生活、学习及人生旅途中。我们在活动中介绍茶叶和茶文化知识，在饮茶中品味人生，同时用户可以通过活动加深对茶叶知识的了解，也可以畅所欲言，结识志同道合的朋友。茶叶企业也可以以活动为平台，实现茶叶品牌宣传和茶叶营销的目的。

【任务目标】

知识目标	1. 了解茶用户线下互动活动的策划流程 2. 了解茶用户线上互动活动的策划流程 3. 了解茶用户促销活动的策划思路
技能目标	1. 能够简单策划一场茶用户线下互动活动，吸引茶用户购买茶叶产品 2. 能够简单策划一场茶用户线上互动活动，吸引茶用户购买茶叶产品 3. 能够简单策划一场茶用户促销活动，吸引茶用户购买茶叶产品
素质目标	1. 能够在"互联网+"背景下策划和打造互动活动，培养现代营销的职业价值观，提高现代媒介素养水平 2. 提升自己的专业技能，为将来参与社会主义现代化建设打好基础

【任务知识储备】

知识储备 1　策划茶用户线下互动活动

1. 线下互动活动精彩纷呈，以茶文化旅游为主要载体

2021 年 3 月 22 日，陕旅集团诸葛古镇"以茶会友 赏味三国侯"品茶节正式与游客见面了。本届品茶节采用线上线下并举的形式，线下营造品茶游园的场景氛围，通过"茶艺珍赏""茶具雅集""茶舞乡情""茶香墟市""茶韵满城""汉中茶韵""万人茶赏""茶映武魂""汉风茶妆""非遗变脸"十大主题活动，为游客奉上采茶游园、走读汉韵、品味历史的"踏青盛宴"。

每年 3、4 月，汉中万亩茶园就进入了出茶期，西乡、勉县、镇巴等地的茶园连绵成片，蔚为壮观，迎来大批游客前来体验田园采茶生活。在此期间，陕旅集团诸葛古镇景区策划了"一茶半解""满汉全茶""花茶 DIY""三国煮茶"等线上互动活动，还安排了十大线下主题活动。

"茶艺珍赏"以茶艺表演为载体，将科学、生活、艺术相结合，展示了泡饮过程，为游客精心营造了闲适的饮茶氛围，使游客得到美的享受，如图 6-22 所示；"茶舞乡情"以歌舞的形式、艺术的手法再现了陕南田园的采茶风情；"茶具雅集"为游客带来了精致、有格调的茶具展示；"茶香墟市"给游客带来了物美价廉、品质一流的商品；"万人茶赏"邀五

湖四海茶友共品香茗，使游客在忙碌的间隙放松下来，体验闲适快意的生活。

图 6-22　“茶艺珍赏”表演

值得一提的是，这次“茶映武魂”以传统武术向广大游客展示了身强体健、气定神安的风貌，如图 6-23 所示。作为中华民族炎黄子孙的技能之一，中国传统武术伴随着中国历史与文明的发展，走过了几千年的风雨，成为维系这个民族生存和发展的魂、承载中华儿女基因构成的魄，让我们从身到心、由魂到魄得到提升，充满安全感，精壮神足，具有安然自胜的实力，是中华民族历代沉淀而成、安魂守魄的法宝；“汉风茶妆”以华服歌舞为游客带来听觉和视觉的双重享受；“非遗变脸”在这个春天重磅回归，为广大游客带来了新奇有趣的旅游体验。

图 6-23　“茶映武魂”传统武术表演

另外，来陕旅集团诸葛古镇参观的游客可观看于 3 月 20 日焕新回归的大型实景开合剧场奇幻三国秀《出师表》5.0 版，其融合舞蹈、武术、话剧、音乐剧等不同的艺术形态，通过现代多媒体、全息影像、穹顶投影、裸眼 3D 等技术的运用，给观众带来了震撼的视听体验；“茶韵满城”是三国群英品茶游园活动，游客可以与三国人物一起巡游三国古镇，与汉服小姐姐一起在茶香中嬉戏互动。除此之外，游客们还可以在线上参加“花茶 DIY”活动，届时景区还会在官方网站、微信、抖音等平台，发布活动的实时视频、图片，供大家线上观赏。

2. 茶叶线下互动活动策划流程

线下互动活动有利于高频的互动，对于品牌的塑造具有重大作用。线下互动活动包括行业大会公关活动、展会活动、年会活动、答谢活动、见面会活动、快闪活动、特色活动、自组织活动、PK 赛等。线下互动活动更多地偏向于“曝光”“参与感”“现场效果”。

线下互动活动非常注重用户体验。签到、拍照、桌位、嘉宾、演讲、主持、灯光、舞美、互动、抽奖等，这些都是用户口碑宣传最重要的地方。

线下互动活动比线上互动活动更加复杂，毕竟涉及合作洽谈、酒店场地、物料制作、彩排、嘉宾邀约、用户邀约、游戏筹备、媒体邀约、明星演绎、公关宣传、提前预热、现场执行等。

（1）确定线下互动活动目标，制定具有可行性的活动方案。

① 确定活动主题。活动主题和活动息息相关，是活动之根本，牵一发而动全身，需要与活动组织者或甲方协调确定。

② 确定活动时间。结合茶叶产品的时间节点、用户时间和客户时间，进行综合协调确定。

③ 确定活动场地。结合活动规模和产品特点，以提升活动效果为目的，进行活动场地确定。

④ 确定活动对象。根据茶叶产品的既有客户群体、潜在客户群体，确定活动对象。

（2）制作线下互动活动推进时间表，进行准备工作。

① 制作活动页面。制定一份活动页面，包含但不限于活动流程、活动设计、活动技术支持及活动需求，并归档保存。同时，与技术支持方建立沟通渠道，制作完成后进行试运行，确保无问题后，方可上线。

② 设计制作物料。明确物料设计需求、图案选择、尺寸选择，与制作公司建立良好的沟通渠道，保证物料生产保质保量按期完成。

③ 活动描述。明确在这个线下互动活动中，需要联合的对象、需要举办的活动类型、需要参加活动的对象、参与者参加活动的方式、活动规则、参与者的奖品等。

④ 活动报名统计及通知。及时统计参与者的报名情况，一旦发现报名人数过少，离预期人数差距过大，及时反馈给总负责人，商量是否增加投放渠道，加大投放力度，保证活动人数。

⑤ 设专人与活动需求方对接工作，及时了解对方的需求变化，并通知总负责人做出相应调整。

⑥ 提前确定活动主持人，以便对方安排时间，并熟悉活动串词。

⑦ 参与人员保持随时沟通，做到信息共享。最好是建一个活动群组，大家及时相互通报各自工作进展和活动安排变化，避免一个环节出现纰漏最终影响到整体准备工作。

（3）制定线下互动活动执行方案，分解执行任务。

① 线下互动活动的目的。简单描述活动，并说明本次开展线下互动活动的目的。

② 线下互动活动的时间、地点。工作人员一般要在活动正式开始前 1 至 2 小时到场，熟悉场地环境，准备各自负责的物料和奖品，尤其是负责签到的同学，要提前赶到，聚拢活动用户，

不要让用户觉得早到无人接待。聚拢用户也方便后到用户找到签到负责人签到。

③ 茶叶线下互动活动流程。活动流程表根据活动环节安排而定，将每项工作分配到个人。

④ 活动环节设计。一般活动环节在活动方案确定时就已基本成形，这里需要做的是明确各环节的规则。

⑤ 物料和奖品清单。逐项注明活动所有需要用到的物料和奖品种类、数量，并备注各物料和奖品出现的环节和地点。

⑥ 线下互动活动应急预案。要在活动开始前设想好最可能出现的几种问题，并想好相应的解决办法，在动员会上通知到可能出现问题环节的相应负责人，在活动进行中一旦发现问题迅速启动应急预案。

（4）线下互动活动现场执行。

① 内部工作人员问题。内部工作人员到场后应迅速到达各自工作岗位，签到负责人引导维护用户、主持人再次熟悉串词、各项物品负责人清点数量并准备提前送到预定位置、提前沟通摄影老师说明拍摄需求（如果有多名摄影老师还要做好分工）……总之尽快把所有现场的准备工作做到位。

② 用户问题。用户签到环节，签到负责人要快速联系未准时到场的用户询问查明情况并标记清楚，对最终到场人数做出准确预估。

③ 活动流程有变。如果活动进行中出现流程变化，总负责人要趁主持间歇快速告知主持人以便主持人临场应对，并通知其他执行人员。

（5）线下互动活动效果报告。

活动结束后一般还需要给线下互动活动需求方提交一份活动结案，大致包括活动概述、活动效果统计等各部分成果和数据汇总等。

知识储备2 策划茶用户线上互动活动

1. 线上互动活动助力茶叶产业发展

（1）线上渠道遍地开花，宣传茶叶产业。

为发展好岚皋的茶叶产业，加大茶叶产业的宣传力度，提升知名度，陕西省岚皋县举办以了“岚谷茶香云品春茶”为主题的首届“电商+邮政”春茶线上宣传推介活动，岚皋干部群众齐上阵，共助春茶线上推介。

全国人大代表、各镇书记镇长、茶叶企业管理者、茶农、网络达人纷纷走进茶叶园区拍摄视频，各行各业通过微信公众号、视频号、抖音统一发布，形成了强大的宣传合力，各平台累计曝光量达600余万。与此同时，“岚皋春茶上新了”短视频征集大赛活动开展得如火如荼。

活动现场，电商中心公益助农直播间开展了“茶农说茶”活动及茶艺表演，让观众不仅能云听茶故事、云品茶滋味，还能云学茶文化。

（2）冬日宅家购物好去处，云端共赴茶业嘉年华。

2021 年 11 月 24 日，随着"2021 北京国际茶叶展·2021 马连道国际茶文化展·2021 线上惠民消费节"启动仪式在云端的隆重举行，为期一个月的 2021"两展一节"线上茶业博览会正式拉开序幕。

本次线上茶业博览会由中国茶叶流通协会、北京市西城区人民政府共同主办，北京市西城区商务局、中国茶叶流通协会品牌发展工作委员会、中国茶叶流通协会电子商务专业委员会承办，活动持续至 2021 年 12 月 23 日。

这次的"两展一节"与往年不同，本次活动通过"云端开幕、线上参与"的云模式与广大消费者见面，以线上推广、线上促销、线上交易的方式，最大限度地降低了新冠肺炎疫情的风险，促进了线上茶叶消费的繁荣。

为进一步扩大活动效果，本次线上茶业博览会在"中国茶叶流通协会"小程序与"西城消费"公众号同步上线，这是主办双方首次联合举办"两展一节"线上茶业博览会，通过展览展示、宣传发布、洽谈推介、消费互动等方式，全面展现了中国茶叶产业的精神风貌。

作为中国茶叶产业发展的风向标和兼具国际性、权威性的交流平台，北京"两展一节"已经成为首都人民必不可少的茶叶盛宴，展会规模不断扩大，观众数量、交易成交额连年攀升。尽管 2021 年"两展一节"暂时移步线上，但是精彩程度依然不减，十余场精彩纷呈的直播，百余个线上茶叶品牌及各种茶叶百科干货知识分享，弥补了广大消费者无法亲临线下会场的遗憾，让人在方寸之间，看茶品之丰、观品牌之众、赏文化之美、受健康之益，从而领略中国茶叶产业、茶文化、茶科技统筹发展的独特魅力。

2. 线上互动活动策划流程

线上互动活动包括用户运营活动、用户拉新活动、用户促活活动、GMV 活动、大促活动、主题日活动、积分营销活动、赠品营销活动、社群活动、社区活动、整合营销传播活动、微博活动、跨界联盟活动等。线上活动的内容注重"创意""内容""营销""互动感"。

搞清楚为什么要做活动、以什么目标为导向，是活动成功的重要因素。茶叶营销的线上互动活动目标一般具体如下：吸引潜在的茶用户；增加活跃的茶用户数量；提高茶叶产品的销量；提升或塑造茶叶品牌形象。

茶叶线上互动活动形式具体如下：投票（微博经常用）；老带新（C 端增长，做平台通用）；补贴（拼多多、饿了么、美团经常用）；抽奖（充值抽奖、购买抽奖）；社区互动（围绕话题、分享内容给优惠券）；游戏（天猫经常做的抓猫等）。

一个完整的线上互动活动流程：确认目标—活动策划—活动开发—预算分配—A/B 方案测试—宣传预热—上线推广—数据监控—结果公示—复盘总结。

在活动策划时，需要考虑的是活动主题、活动方案、活动文案、各环节推送内容、弹幕的发布等。

在活动开发时，需要考虑的内容可能有活动配套设施、活动推送渠道等。如果需要与会人员签到，还需要考虑到报名的相关事宜。

活动在开始阶段涉及：活动的提前预热、宣传、用户的互动、活动的提醒方式（提醒方式是短信、邮件、站内 PUSH，还是社群传播的邀请函等，个人认为现在的电商做活动 PUSH 加邀请函更有吸引力）。

基于以上做出总结，影响一个活动的重要因素有很多方面，但是下面四点是整个活动运营环节的重点：活动目的、目标的确定；活动数据的检测和分析；活动风险的预测和预案；活动的流程和复盘总结。

知识储备 3 策划茶用户促销活动

1. 策划思路

（1）把握好促销的原则。

在很多人眼里，促销活动就意味着薄利多销，侧重点在于低价、多卖货，因为错过了这个节日点，就没有这个消费需求了。但有些经营出众的茶叶店经营者却不这样认为，他们提出了不同的观点。他们对于促销是这样理解的：促销活动是为了满足顾客的根本需求，而不是低价抛售。

（2）促进信任，才是促销的终极目标。

实际上，促销只有做到了促进交流、促进理解、促进信任，才是一次成功的促销。对于茶商来说，在经营茶叶店的过程中，组织的每一次促销活动都是为了让消费者更多地关注这个店，了解店里的产品、品牌，提升消费者对茶叶店的好感。

“做促销不是牺牲利润，而是实现量与利的平衡。”有茶叶店经营者认为，促销不是价格战，也不是倾销，促销不应理解为费用，而应该将其当作对茶叶店后期长远发展的一种投资来看待，“投资能带来回报，费用是不会产生价值的”。很多茶叶店经营者会直接围绕产品的利益优势，如品质、稀缺性、消费场景等角度进行节日促销。这样的促销产出高，也易于被消费者信赖，既具有促进销售、增加消费基数的作用，又具有长远的品牌建设意义。

（3）为消费者设置附加利益，增强成交的动力。

相信很多茶叶店经营者都有这样的体会，只要搞促销活动，就没法避免消费者拿自家的茶叶产品与竞品相对比，但当自己产品的价格优势、品牌优势、宣传优势等并不明显时，就需要在促销活动中注重附加利益的设置，来吸引消费者的注意力，并促使其动心。

如今，茶叶终端消费市场的竞争也日趋激烈，想要将茶叶店经营好，经营者必须要充分了解消费者的心理，要不断强化把茶叶产品、卖点、服务、文化等重要信息更精准地传播给消费者的能力，并谋求其价值认同，只有这样才能达到应有的促销效果。

2. 促销策略

（1）推式策略。推式策略是指茶叶企业利用推销人员与中间商促销，将茶叶产品推入渠道的策略。这一策略需要茶叶企业利用大量的推销人员推销产品，它适用于生产者和中间商对产品前景看法一致的产品。推式策略简单、推销周期短、资金回收快，但其前提条件是必须有中间商的配合。

一般来说，推式策略常用的方式：派出推销人员上门推销产品，提供各种售前、售中、售后服务等。

（2）拉式策略。拉式策略是指茶叶企业针对终消费者展开广告攻势，把茶叶产品信息介绍给目标消费者，使人产生强烈的购买欲望，形成急切的市场需求，然后"拉引"中间商纷纷经销这种产品。

【任务实施】

步骤一：组建学习任务小组

教师根据学生的学号随机划分学习任务小组，每 5～6 人为一个小组，由小组成员自行选举小组长。

步骤二：任务分工

由小组长组织小组成员对如何完成本项目的学习任务"茶用户互动活动策划"进行充分讨论，然后制订完成该学习任务的初步计划，将任务目标细化为数个子任务，同时小组成员之间做好任务分工。

（1）以线下互动活动策划流程为导向，策划一场茶用户线下互动活动。

（2）以线上互动活动策划流程为导向，策划一场茶用户线上互动活动。

（3）以促销活动策划思路为导向，策划一场茶用户促销活动。

步骤三：为讲演介绍做准备

小组成员做好分工后开始搜集资料，或网上搜寻，或去图书馆翻书查阅，或实地探访茶馆与茶馆经营者，最后整理好文档，形成PPT或书面报告，小组成员依次上台讲演介绍。

步骤四：评价

小组成员完成讲演任务后，可以先进行自我评价和自我分析，然后由台下其他小组对其进行打分和评价，最后由教师简要点评并总结。评价内容、评价标准及各项目的分值见【任务评价】。

【任务评价】（见附录A）

【任务巩固与案例分析】

一、任务巩固

1．假如由你负责策划一场茶用户线下互动活动，你要如何入手？

2．假如由你负责策划一场茶用户线上互动活动，你要如何入手？

3．假如由你负责策划一场茶叶促销活动，你要如何入手？

二、案例分析

1. 茶叶线下互动活动展示

八月佳茗迎盛事，茶韵飘香满庐州。2022年8月18日，第十五届安徽国际茶产业博览会在合肥滨湖国际会展中心隆重开幕！本届茶博会从8月18日持续至21日，为期四天。来自全国各地的展商、采购商、观众汇聚一堂，品茶韵、论茶道、话茶事、谋茶业。

本届茶博会以"中国徽茶 迎客天下"为主题，由安徽省供销社、安徽省农业农村厅、安徽省商务厅，以及合肥市、六安市、宣城市、池州市、安庆市、黄山市六市人民政府共同主办，中国茶叶流通协会、中国茶产业联盟、中国食品土畜进出口商会指导，安徽中设国际会展集团有限公司、安徽省茶叶行业协会、安徽省茶业集团承办。

在开幕式上，六大主产茶市市长视频宣传推介本市茶产品，茶产业项目签约仪式、第二届十大最美茶旅线路授牌仪式、安徽省茶业职业技能大赛颁奖仪式依次进行。据悉，本届茶博会签约项目30个，总金额达15.26亿元，其中岳西县罗源场茶叶产业园项目、池州市茶叶及其他鲜活农产品冷链物流综合服务体项目、泾县智慧茶旅融合项目等10个项目在开幕式现场集中签约。

一年一度秋风劲，一届茶博一份情。如今，安徽国际茶产业博览会已经走过了15个春秋，成为展示安徽省茶叶产业发展成就、开展产销对接和"双招双引"的重要专业性行业展会。

（1）好茶齐聚，"一改两为"促振兴。

本届茶博会旨在助力茶农增收、茶企增效，促进徽茶销售，弘扬徽茶文化，扩大徽茶的美誉度和影响力，进一步推动安徽茶叶产业高质量发展。

本届茶博会线下展会展览总面积达3.3万平方米，设置有乡村振兴、"皖美徽茶"、省外名茶、"三茶"融合等展区，有来自省内外600余家品牌茶企、1600余家采购商赴会，为参展商、采购商、爱茶人士搭建了一站式贸易交流平台，共谱茶行业新篇章。展会现场茶香四溢，多方互动，掀起了茶叶采购、品茗体验消费新热潮。

茶博会现场茗品荟萃，除传统安徽四大名茶黄山毛峰、六安瓜片、太平猴魁、祁门红茶外，白云春毫、泾县兰香、广德黄金芽、岳西翠兰、桐城小花、石台硒茶、天华谷尖、黄花云尖等区域公用品牌均集中展示，亳州花草茶再次亮相茶博会。此外，福建福鼎白茶、广东陈皮茶、云南普洱茶、湖南安化黑茶等10多个省的30多家企业参展，展示产品涵盖绿茶、红茶、白茶、黄茶、黑茶、乌龙茶六大茶类，以及茶机械、茶具等茶产业链相关产品。

本届展会线上线下同时设立了"乡村振兴展区"，其中线下乡村振兴馆展示面积达760平方米，以"一片叶子富了一方百姓""乡村振兴 供销助力"等为主题，设置了"脱贫地区农副产品网络销售平台"（832平台）、"徽采云"政府采购平台等专区，帮助脱贫地区和中小型茶企打通流通渠道、拓展市场，为全面推进乡村振兴提供了新的驱动力。

（2）说茶论业，"三茶"统筹谋发展。

"三茶"统筹发展高峰论坛作为本届茶博会的重要论坛活动之一，以"共话'三茶统筹'助力乡村振兴"为主题，邀请中国工程院、中国茶叶流通协会、中国茶文化国际交流协会等省内外行业专家学者，安徽省六安瓜片茶业股份有限公司、黄山王光熙松萝茶业股份公司、合肥美亚光电技术股份有限公司等企业代表共话茶事。通过开展"新形势下推进徽茶高质量全链条品牌化发展""后疫情时期中国茶叶消费市场展望""黑茶的健康密码"等主旨演讲及中国茶叶篇"'三茶统筹'茶界大咖说"、徽茶篇"'三茶统筹'安徽在行动"等主题嘉宾访谈，发布新华·中国徽茶品牌传播力报告，为茶产业发展把脉问诊、建言献策，实现茶产品、茶文化、茶科技、茶工艺、茶体验同步精彩呈现。

"三茶"统筹发展高峰论坛开展期间，"皖美徽茶"品牌推荐会上推介了合肥、六安、宣城、池州、安庆、黄山等地市及各县区、茶企带来的区域公共品牌，凸显了茶博会的平台作用，提升了各公共品牌的知名度和影响力，促进了行业交流合作，助推了安徽茶产业高速发展。

徽茶引得天下客，品茗共叙四海情。此次安徽国际茶产业博览会的举办为安徽茶产业的发展掀开了新的一页，为安徽茶产业的全产业链升级、高质量发展打开了光明前景，将进一步促进徽茶文化的传承与推广，吸引更多人关注徽茶，走进徽茶发源地，观山水、品徽茶、谋合作。

2. 茶叶线上互动活动展示

2020年2月20日，蒙顶山茶第一背篓茶上市直播活动，在四川雅安市名山区中峰乡牛碾坪举行。

据介绍，在新冠肺炎疫情防控期间，本次活动由政府、媒体、茶叶企业、电商平台四方联合发力，主打京东、天猫、淘宝三大电商平台，为蒙顶山茶旗舰店引流，助力蒙顶山茶线上销售。

2020 年，受新冠肺炎疫情影响，湖北、湖南等外地客商不能及时赶来收茶，田间地头的茶叶又不等人。为此，名山区将往年的线下互动活动调整为线上，13 个网络平台同步直播，助力蒙顶山茶的销售。

2020 年 2 月 26 日晚上，嵊州越乡龙井茶现场炒制在淘宝越乡茶店铺进行直播。这场集现场炒制的新鲜感和网络直播的直观性于一体的“炒茶秀”，很快吸引了不少网友围观，如图 6-24 所示。当天晚上限定销售数量为 1 斤，不到 15 分钟，就被 10 位客户一抢而空。

图 6-24 茶农视频直播现场炒茶

“直播炒制销量虽然数量不大，但是影响面扩大了。”嵊州市越禾茶业总经理吕峰说，直播炒制带动了网上的销量，特别是越乡茶旗舰店的销量，现在每天的销售额都在万元以上，仅 10 天，春茶订单就超过了 500 单，比 2019 年同期有了大幅度增长。

2020 年 3 月 3 日晚上，嵊州部分茶叶企业和茶农在现场进行观摩。“这种销售形式不仅能促进春茶的销售，还能有效提升越乡龙井茶的知名度。”嵊州市农业农村局局长吕勇进说：“春茶即将大面积上市，在今年新冠肺炎疫情的情况下，更应该鼓励这样的线上销售方法。”

不难发现，越来越多的茶叶企业、茶商通过直播及线上商城售卖的方式进行茶叶销售。线上平台以直播方式增加了与消费者的互动，在扩大影响力的同时，也带动了茶叶的销量。

相信，更多茶叶企业、茶商们在新冠肺炎疫情过后，也会继续抓住直播、线上等渠道的热度，使茶叶销售方式更加多元化。

阅读完以上案例资料，关于茶用户互动活动策划，你受到了什么启发？

【素质园地：立信乃市场之本，为人亦是】

诚信经营方能立得住、行得稳

前不久，宁夏市场监督管理部门公布了侵害消费者权益的10起典型案件，其中涉及价格欺诈、虚假广告、不符合食品安全标准等。

诚信是企业长远发展的基石，更是必须践行的行为准则。诚信经营在任何时候都是企业的安身立命之本。诚招天下客，誉从信中来，以诚信擦亮品牌，企业才能立得住、行得稳，才能真正赢得消费者的青睐，实现长期稳健发展。

虚假或误导消费者是非常短视的行为。企业缺乏诚信，不但会影响自身长远发展，还会危及所在行业的声誉。

企业要把诚信建设摆在突出位置，以诚信守法赢得口碑。对于企业来说，要不断强化社会责任意识和规则意识，全方位提升诚信经营水平。应该说，诚信经营既体现在生产经营环节，企业要拿出品质优良、产销对路的产品和服务；又体现在广告宣传环节，企业宣传时要厘清产品概念，严守概念边界，不能进行模棱两可的宣传，更不能虚假宣传误导消费者。虚假宣传容易使企业失去消费者的信任，使自家商品在市场竞争中逐渐边缘化，不利于长远发展。

诚信不仅是企业长远经营必备的品质，也是个人发展必备的道德素养，大学生要树立诚信的良好品质，不管是在日常生活中，还是在职业探索中，都要诚信待人，讲道德，言必行，为祖国建设事业添砖加瓦。大学生培养诚信的品质，可以从以下几个方面入手。

（1）要有良好的价值观：一个人的价值观直接决定了他为人处事的方方面面，所以说价值观在大学生的诚信培养方面具有特别重要的作用。作为一个大学生，想要有良好的诚信品质，应该从培养良好的价值观着手，只有把基础打好了，才能谈得上诚信的品质。

（2）要具有良好的道德素养：大学生活包括方方面面，不只是自己学业有成就算是成功的大学生活，大学生活当中要学的东西有很多，需要培养的素质也是方方面面的。在这个过程中，大学生要注重对自己道德品德的培养。一个具有良好道德素养的大学生，其诚信价值也不会差到哪里去。

（3）要多学习历史人物：在大学生活中，学生自习的时间是比较多的，在学习相关专业知识的同时，也可以到图书馆去多读一些历史人物传记等相关书籍，看看历史上的那些伟大人物在诚信方面是如何做的，多读这些书，自然而然地也就会对自己的诚信有所影响。

项目 7 “互联网+”茶叶营销案例剖析

任务 7.1 小罐茶营销案例剖析

【任务分析】

通过剖析小罐茶营销案例，理解小罐茶在互联网时代制定的营销战略：根据市场情况研发和组合产品，以时尚高端定位茶叶品牌，以小罐拼装方式实现产品多样化营销，拓宽线上线下渠道，适应消费者消费习惯的改变，以多种社群互动的方式与消费者成为朋友、家人，促使小罐茶成为人尽皆知的高端茶叶品牌，实现互联网时代传统茶叶企业的顺利转型。

【任务目标】

知识目标	1. 了解小罐茶的产品定位、品牌定位和产品定价 2. 了解小罐茶的品牌传播策略和茶用户忠诚度的培养
技能目标	1. 能够简单说明产品定位分析的步骤 2. 能够简单厘清互联网时代的品牌传播策略和用户培养方式
素质目标	1. 能够理解“互联网+”背景下的职业价值观，能够在互联网时代学会分辨和筛选自己需要的信息 2. 遵纪守法、积极奉献，能够担负起互联网时代社会建设的重任

【任务知识储备】

1. 产品定位分析

第一步：目标市场定位。

目标市场定位即明白为谁服务，小罐茶服务的是中青年高端商务人士，所以重在凸显时尚和高端，形态上小巧方便、时尚，品质上请八位业内权威的制茶大师背书。

第二步：产品需求定位。

产品需求定位即满足谁的什么需求。服务的是中青年高端商务人士，那么他们会有什么需求呢？因为现在的中青年高端商务人士很多并不懂茶，选择起来是个难题，而且传统的茶文化很复杂，所以小罐茶就为这些人群提供了一种现代的、简约的高品质的茶叶，这就是这些人需要的。

第三步：产品测试定位。

产品测试定位即测试提供的产品能否满足需求。从装小罐茶的铝罐就可以看出，产品经过了很多的测试，光小罐茶铝罐上的膜就花了一年时间，进行了极致的优化。小罐茶的铝罐方案是神原秀夫从2012年开始设计的，为了让罐子拿在手上的感觉很高级，曾试用过各种材料。

第四步：差异化价值点定位。

差异化价值点定位即需要解决的目标需求，也就是解决目标人群需求的问题，也可以从现有品牌存在的问题去解决。小罐茶解决了不方便使用、品质品牌不好选这两个问题。

第五步：营销组合定位。

营销组合定位即如何满足需求，也就是一个品牌推广的过程，是产品价格策略、渠道策略和广告策略有机结合的过程。小罐茶至2018年全国门店约650家，以40克茶叶500元的零售价在电视、网络上疯狂营销，塑造了高端、好品质的品牌形象。

2. 品牌定位分析

在整个茶叶行业中，茶的关键词有哪些，快速联想到的基本是红茶、绿茶、黑茶、白茶、普洱、大红袍、铁观音和龙井等。当提起"小罐茶"时，消费者自然会将其与其他茶叶品类相区分。

一个品牌开创并主导一个品类，让自身品牌成为潜在顾客心智中某一品类的代表，是赢得心智之战的关键。小罐茶正是开创了一个新的品类，它是如何进行品牌定位的？

小罐茶的品牌定位于"一罐一泡"。其还以"大师作的茶"为策略，既占据了品类制高点，又占据了价值制高点，获得了高收益。

茶叶不是一个普通的消费品，对于中国消费者来说，它富含大量的情感因素和文化内涵。传统茶叶的包装形式大都是茶饼、大罐、大纸袋，而小罐茶创造性地开启了一罐一泡的包装和品饮方式，简约的铝罐设计给人以高级的设计感，这一特点和茶叶本身的性质相结合，能够让茶叶保持它的新鲜。

尽管小罐茶品牌定位成功后，想要如法炮制以铝罐装茶的品牌不少，但是当消费者提到小罐装的茶，脑海中第一个想到的品牌绝对是小罐茶。这就是品牌定位的魅力。

小罐茶识别了目标人群和对应需求，在那些收入高且具有喝茶习惯的人群渴望简单方便地喝茶时，其本着"一罐一泡"的品牌定位，满足了消费者的需求，如图7-1所示。

为了解决同一地域不同批次的茶叶口感有所差别的问题，小罐茶建立了现代茶叶工业化、智能化生产体系和供应链体系，与八位制茶大师联合研发，制定标准；同时成立工业装备和茶叶研发中心，与IBM、西门子等企业合作，开发前沿科技，进行大规模工业化生产，在为茶叶制定标准的同时，也使茶叶的口味始终保持一致。

图 7-1 小罐茶的产品包装

小罐茶最终呈现在货架上的茶品，无论茶类品种，都是统一等级、统一品质、统一重量、统一价格的，打消了消费者的选择顾虑，让茶叶消费变得简单、轻松，也保证了茶的本真。

一款产品要想卖得火，保证产品质量是基本前提，另外还需要找准品牌定位。小罐茶找到了精准的品牌定位，并抓住了消费者痛点，才有了今天的成功。

3．产品定价分析

小罐茶推出了西湖龙井、黄山毛峰、福鼎白茶、茉莉花茶、安溪铁观音（清香和浓香）、武夷大红袍、滇红、普洱茶（生茶和熟茶）等多种产品，以小罐装，每罐 4 克（一泡的量），售价 50 元，折合 12 500 元/千克。消费者可购买 10 罐装、20 罐装的礼盒。

小罐茶的线下体验店也尽力凸显现代、时尚和高端的风格，第一代体验店由神原秀夫设计，第二代由苹果体验店设计师 TimKobe 设计，店内整体分为茶库、茶吧和大屏信息显示三个部分，消费者可在不同区域自主完成看茶、选茶、闻茶、品茶及买茶活动。

4．品牌传播策略分析

小罐茶的品牌传播策略可从产品、服务、空间、沟通四个维度进行分析。

（1）产品体验革新：紧抓年轻人群，打造品牌新感知。

小罐茶的年轻化策略初步奏效，产品体验跟先前的产品线拉出区隔，产品在设计、配色、包装、代言选择方面都完全革新了。

① 产品体验年轻化，紧抓新消费的审美红利。

小罐茶推出的彩罐产品，整体配色采用流行的马卡龙色，跟以往的产品线形成巨大反差，也转化了很多年轻女性对品牌的认知。

在消费升级、互联网媒体渗透率极高的市场环境下，“90 后”的消费审美迎来升级，抓住这波审美红利，完成生活美学升级的企业将获得下一轮发展的战略优势。

“养成系”的“茶小白”由于年轻、赏味能力弱，更依赖品牌和消费体验。这对于具有品牌背书和全品类产品力的小罐茶是很好的机会，但目前彩罐产品的复购率还没有显现出很强的优势。

② 围绕用户打造产品梯度，从场景出发进行创新。

目前，小罐茶正在围绕人群和赏味能力打造产品梯度。彩罐产品和多泡装较为有效地切入了"茶小白"和"茶习惯"两类新人群，在革新品牌认知的同时，拉开了消费的梯度，如图 7-2 所示。

小罐茶天猫旗舰店主SKU划分（截至2020年10月底）

类别	人群	场景	产品系列	价格	类别	人群	场景	产品	价格
	茶领袖	收藏/送礼	鉴赏款	¥6000					
		送礼	黑罐	¥3000			商务/办公室/待客	鹰嘴行政套	¥2480
		送礼/自饮	金罐多泡装	¥2000			商务/办公室/待客	功夫茶茶具套装	¥1480
茶	茶习惯	送礼	金罐	¥500	茶具	茶习惯	商务/办公室	骨瓷长官杯	¥1280
		送礼/自饮	银罐	¥248			移动	旅行泡茶杯	¥798
		自饮	多泡装	¥150			移动	青春版旅行泡茶杯	¥498
	茶小白	自饮	彩罐	¥79		茶小白	家/办公室	极刻定时茶具	¥448

数据来源：天猫

图 7-2　小罐茶的产品、价格与适合场景

在入门阶段，小罐茶采用新品牌茶小壶布局袋泡茶，主要产品线是花果拼配茶，跟小罐茶原叶茶叶产品线形成产品和价格上的梯度，触及新人群。

新式茶饮和茶包为传统原叶茶的发展做出了表率，拉低了传统原叶茶的门槛。例如，"时尚尝鲜养成系"从星巴克的冷泡茶或湊湊的大红袍奶茶开始接触茶叶，他们没有喝茶习惯或正在养成中，调味茶成为其极佳的入门选择。

另外，很多传统只喝原叶茶的"茶习惯"，近几年也开始喝调味拼配茶、养生茶，调剂口味。

消费者总是喜新厌旧的，茶饮就像饮料每年推陈出新一样，始终存在创新需求。小罐茶在内部逐步形成新产品孵化、测试、上市的闭环。如果能跑通，在第二阶段平台化扩张将形成更强的规模效应。

③ 消费者趋向成熟，拉高整体产品体验标准。

在新体验经济时代，用户更成熟，对产品、包装、开箱等体验感知更为关注。饮茶人群大部分是新兴中产，其消费理念和标准在不断成熟、不断变化，对于产品包装、快递拆箱、饮茶说明的标准在不断提高，这也给了新品牌机会。

面对消费者产品体验标准的提高，只有创新才有机会。小罐茶曾经引领创新，还在持续创新，打破自己的天花板，这背后形成了支持产品创新的机制。例如，小罐茶内部通常用两年周期来规划新品。

（2）服务体验优化：发力用户旅程链路，但反馈和评价分化。

由于传统茶叶更多通过渠道零售，对终端用户的服务，黏性普遍较低，这既是行业性短板，又是新的机会点。针对不同的服务触点，小罐茶也开始补充短板。

① 服务竞争已经深入私域，小罐茶面临新竞争。

近两年，小罐茶开始发力微信生态、小红书等内容种草平台，从建立公众号、小程序商城到会员体系，升级整体链路。

服务触点粉尘化、空气化，茶叶产品服务已经深入私域。小罐茶也面临新竞争，甚至是来自一些小茶坊、精品茶的竞争，它们更擅于与用户保持高黏性的关系或进行私域运营，直接与消费者进行沟通。

② 品牌存量用户促活不足，用户黏性和钱包份额提升潜力大。

小罐茶正在提升线上服务链路一体化，但还有待优化。在用户调研中我们发现，小罐茶推出的会员体系或新品，很多用户都不知道，说明服务链路割裂，存量转化效率较低。

当下一些新消费品牌能快速起势，就是因为整体链路，尤其是线上链路完善。例如，从淘宝购买小仙炖下单后，物流信息会推送到微信上；很多品牌用折扣券引导消费者添加企业微信号，更好地为品牌进行私域沉淀，以在推新品时可以触达消费者。

（3）空间体验升级：3.0 体验店更侧重饮茶体验，更生活化。

零售空间正在从售卖场所，变为品牌体验中心。茶行业的空间体验整体不高，尤其是在体验试饮和售卖上，还没有形成完美的行业解决方案，传统和新兴品牌各有打法。小罐茶在升级空间体验时更侧重自饮，重视空间中的“喝茶”体验。

2020 年 11 月，小罐茶的 3.0 体验店在杭州万象城的商业综合体落成，店型偏向营造试饮的空间，在礼品陈列的基础上，更侧重坐下来喝茶。

小罐茶的 3.0 体验店，布局和设计更亲民、更生活化。同时，访谈中我们发现，消费者对于茶品牌体验空间的需求，还远远没有被满足，品牌尚有巨大潜力去探索。

对于消费者来说，空间不仅关乎品牌体验，也是生活方式的一部分。随着第三空间茶品牌，如煮茶、Tea’s Stone 的出现，行业新旧玩家都在探索新的可能性，但并没有现成的解决方案。

（4）沟通体验迭代：品牌内容化，针对不同人群进行触达沟通。

① 品牌内容多样化、直接沟通。

2017 年左右，小罐茶依靠电视媒介精准触达商务人群后起势，在 2019 年下半年开始发力微信、微博、抖音、小红书等社交媒介。

“90 后”是受社交媒体渗透极高的人群，对于他们而言，品牌即内容。小罐茶在社交媒体上的内容主要围绕茶叶科普和文化、采茶和生产流程、创业故事等展开，阅读点赞量不错。

年轻的喝茶人群有些会在"6·18""双 11"等时间点囤茶，但更多是在平时的不同场景买茶。因此，短视频、直播、快闪店等都成为分散的触点，能够触达消费者。例如，电商渠道的玩法——直播和短视频运营，能够有效地激发购买，如图 7-3 所示。

图 7-3　小罐茶电商渠道的玩法

② 品牌沟通年轻化路漫漫。

启用流量艺人是品牌年轻化策略的体现。某年轻女明星成为小罐茶的首席教育官，借助电视剧"茶创业女精英"的人设，相当出圈。但从整体来看，品牌沟通年轻化还路漫漫。

5. 茶用户分析

伴随着品牌不断玩转各个公域、私域，新式茶饮的会员体系在近几年快速成熟，大部分沉淀在微信生态。而原叶茶更像传统快消品，是强渠道逻辑，目前会员体系还处在初级阶段。

虽然茶叶行业的用户运营处于初期，但已经在寻找新的流量洼地试图崛起了。一些小众精品茶品牌通过微信私域崛起，或者通过抖音、微信视频等垂直内容媒体，开始导流卖货；大众茶品牌往往依托门店辐射，依靠服务人员运营私域、经营关系。

因为触点太多，产品和服务的竞争已经深入私域，茶叶企业需要从用户视角转化为家人视角，去构建品牌与人的关系。依据茶消费的频率、文化属性和情感属性，品牌与人的关系正如人与人的基础关系：陌生人、熟人、友人、家人，如图 7-4 所示。

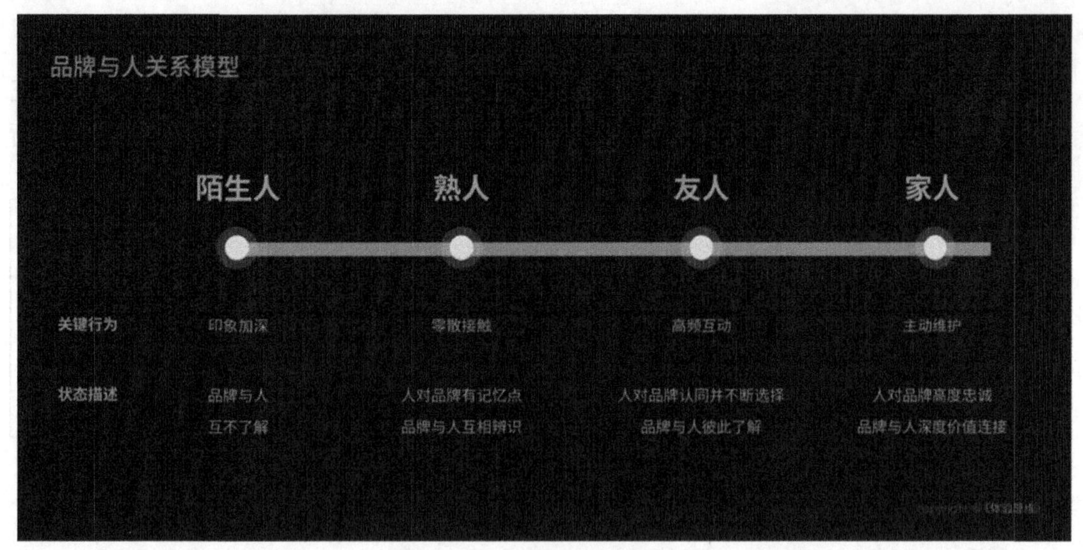

图 7-4　品牌与人关系模型

如图 7-4 所示，品牌发展阶段的商业问题决定了需要重点关注的人群。对于小罐茶而言，品牌认知度高，都是熟人，但友人和家人偏少。所以，其要在服务、行为和沟通上，更多地将熟人转化成友人和家人，提高黏性。

（1）深化服务，成为用户的友人或家人。

饮茶人群事实上需要更进一步的服务，以满足一些新需求。

① 繁忙的“茶小白”非常需要身边有一个“饮茶顾问”，以便能了解什么时候喝什么茶最好。这是通过门店服务和私域服务提升能够实现的。

②会员的闭环体系可以帮助拉新促活。例如，小罐茶的小程序推出了首购优惠，但是分享裂变的吸引力和跳转体验有待提升。

（2）活化会员，运营精细化。

小罐茶的运营需直面消费者，在与消费者沟通时，可以借鉴新消费品牌的做法。例如，新式茶饮以会员和用户体系为基础，在不同平台之间进行多样化的营销，且与用户有亲密互动；同时将有兴趣的消费者导流或留存到自有的品牌流量池，实现用户精细化运营。

如今，小罐茶正在提升对用户运营战略的重视程度。虽然小罐茶已经上线会员体系，但还未触达很多存量用户，新增用户的黏性也不高，提升潜力大。

茶叶品牌可以围绕用户生命周期进行运营，提高黏性，围绕茶饮拓展相关器具、周边等。这也是小罐茶打破天花板、迈向百亿元销售额的可能性所在。

【任务实施】

步骤一：组建学习任务小组

教师根据学生的学号随机划分学习任务小组，每 5～6 人为一个小组，由小组成员自行选举小组长。

步骤二：任务分工

由小组长组织小组成员对如何完成本项目的学习任务"小罐茶营销案例剖析"进行充分讨论，从小罐茶的产品定位、品牌定位、产品定价、品牌传播策略、茶用户互动等方面入手，然后制订完成该学习任务的初步计划，同时小组成员之间做好任务分工。

步骤三：为讲演介绍做准备

小组成员做好分工后开始搜集资料，或网上搜寻，或去图书馆翻书查阅，或实地探访小罐茶企业经营者，最后整理好文档，形成 PPT 或书面报告，小组成员依次上台讲演介绍。

步骤四：评价

小组成员完成讲演任务后，可以先进行自我评价和自我分析，然后由台下其他小组对其进行打分和评价，最后由教师简要点评并总结。评价内容、评价标准及各项目的分值见【任务评价】。

【任务评价】（见附录A）

【任务巩固】

1. 简单分析小罐茶受欢迎的原因。
2. 简单分析小罐茶的风格特点和营销方式。

任务 7.2　安溪铁观音营销案例剖析

【任务分析】

随着茶叶产销市场不断发生变化，安溪铁观音面临着激烈的竞争和挑战。近年来，安溪通过内练品质、外塑形象等举措，使铁观音品质全面上升，市场回暖，出现产销两旺的局面。本任务总结了安溪铁观音营销的成功经验，针对当前茶叶市场的形势变化情况及今后的发展趋势，分析了安溪铁观音营销的创新和优化点。

【任务目标】

知识目标	1. 了解互联网时代传统茶叶企业转型的必要性 2. 了解互联网时代安溪铁观音转型的方面
技能目标	1. 能够简单进行安溪铁观音的营销渠道分析 2. 能够简单进行安溪铁观音品牌传播分析
素质目标	学习茶文化，能够分析互联网时代茶叶的消费特点，提升人文素养

【任务知识储备】

安溪茶叶产业一直是中国茶叶产业发展的领头羊。2019年，全县茶园面积达60万亩，茶叶产量达6.5万吨，连续11年位居全国重点产茶县首位，获评中国特色农产品优势区、中国茶业品牌影响力全国十强县。作为安溪茶叶产业的当家品牌，安溪铁观音入选中国茶叶十大区域公共品牌、新华社民族品牌工程，2021年品牌价值1426.86亿元，连续5年位居全国茶叶类区域品牌价值第一，安溪铁观音茶文化系统入选全球重要农业文化遗产预备名单。

1. 品牌定位分析

目前，中国茶叶总体供过于求，中国茶叶流通协会数据显示，2019年中国茶叶毛茶产量达279.34万吨，库存压力继续加大，消费者对茶叶产品的选择更加挑剔，品牌成为消费者选购的首要因素。在卖方市场转向买方市场的背景下，企业要更加准确地定位。

定位之父杰克·特劳特提出，企业战略定位就是企业在市场定位和产品定位的基础上，对特定的品牌和文化取向及个性差异性的商业性决策，它是建立一个与目标市场有关的品牌形象的过程和结果。

企业要根据自身的能力规划战略定位，做精、做专自身最擅长的环节。目前，安溪县具有完善的茶叶产业链，产业资源丰富，资本和人才相对集中，企业只要做精、做专各个环节，就能获得生存和发展。

2. 营销渠道分析

（1）升级传统销售渠道。

几十年来，安溪茶商率先在全国各地开茶店，使全国各地处处都有铁观音的零售渠道，流传着“无安不成市，无铁不成店”的佳话。数十万茶店将铁观音带到全国各地，这也是铁观音家喻户晓的重要原因。其中，安溪铁观音茶叶品牌连锁一直是全国茶叶营销的标杆，如八马茶业、华祥苑、日春、山国饮艺等品牌，连锁店都在数百家以上，八马茶业更是开到了2600家以上，位居全国茶叶行业首位。

随着茶叶消费市场的变化，传统门店已经难以适应市场的需求，特别是一家一户的小品牌商家，更难以在市场上立足，必须转型升级。

在新形势下，渠道的构建必须高度契合消费者的诉求，而不是一厢情愿地强推一种模式。消费者心中比较完美的茶叶零售渠道必须满足四个关键要素：质量好、价格低、便利性、体验好。基于此，茶叶从业者要从“我有什么”变为“他喜欢什么”，铁观音零售门店的选址、形象、布局、陈列等要素都要从消费者的思维角度来安排，切忌无重点、无亮点、杂乱无章地陈列。

同样，线上渠道也要升级换代。安溪茶叶电商发展迅猛，目前年销售额 40 多亿元。随着各大茶类的竞争加剧，线上渠道更是竞争惨烈，商家除对品牌形象、产品结构等进行升级之外，还要善于运用现代传播工具，通过各种茶事活动、促销活动造势，宣传品牌与产品，其中加快产品迭代是升级换代的核心。八马茶业 2011 年才开始涉足电商，到 2020 年其销售额从 134 万元跃升到 2 亿多元，增长了 150 多倍，连续五年位居乌龙茶首位，其成功经验就是强大的品牌背书、不断创新的产品和超值的服务相统一。

（2）拥抱新时代，学会新零售。

新时代下，消费不断升级，营销手段不断翻新，线上线下渠道融合发展，新零售带来了新的商业机会，造就了新的商业模式。

在不同的时代，茶叶、渠道、消费者三个因素的焦点与重心都是不同的。基于对新时代的理解，零售的重心如果还放在“茶叶”和“渠道”上，没有很好地把握消费者和消费需求的共鸣，那就不是新零售。同样，如果在客户端方面有很好的数据资源与运营计划，却没有把“茶叶”与“渠道”这两个要素纳入发展计划之中，也不是新零售。

针对铁观音这个家喻户晓的产品，要将消费者的需求放在第一位，就要将铁观音新零售的重点放在健康、文化等消费者的关注点上，同时设置好有品牌背书的消费场景，增强体验感，加强可感价值的展现。在新零售时代，安溪茶商进行了很多成功的探索，如八马茶业、日春、华祥苑通过举办茶王赛，向全社会遴选好茶，向消费者推出高端铁观音，使消费者得到极大的满足。

3. 顾客群体分析

（1）研究和洞察顾客需求。

从“柴米油盐酱醋茶”的角度看，茶叶是必需品；从“琴棋书画诗酒茶”的角度看，茶叶是嗜好品。由于茶叶具有必需品和嗜好品的双重属性，茶叶企业在营销上就要洞察顾客的需求。高端铁观音产量稀缺，只产春秋两季，好茶可遇不可求，要从稀缺和文化的角度做好营销；中低端铁观音具有较高的品饮价值和商业价值，要从安全性、养生保健、性价比等角度做好营销。

在满足顾客需求的过程中，茶叶企业要根据不同季节、不同人群、不同地区等因素，选择适时、适地、适人的茶叶产品，包括风味、包装、价格、规格、赠品等产品要素。一般情况下，清香型铁观音适合口味较轻的人群，浓香型铁观音适合口味较重的人群，陈香型铁观音适合老茶客。

当下，创新铁观音产品有着很大的市场潜力，茶叶企业要不断开发铁观音深加工产品、铁观音新式茶饮、铁观音日化产品等，通过创新的消费场景和销售渠道，挖掘铁观音的价值，扩大铁观音的用途。

（2）抢占顾客心智。

如今，商业之战不仅是产品之战，还是心智之战。人们的心智资源是有限的，往往只会记住排名前几位的品牌。要让顾客在选择产品时首先想到你，就要抢占顾客心智。20世纪90年代之前，铁观音产量稀少，需求量大，供不应求，顾客在意的主要是价格和服务，只要价格合理、品质有保证、送货及时，铁观音茶商不用太担心销售问题。

在商品的供给大于需求的情况下，顾客的心智主要集中在品牌、功能、渠道、性价比、关系等方面。因此，我们要从企业品牌的美誉度、产品的优点、服务的优势中挖掘亮点，通过各种传播诉求，争取更多的顾客，进一步抢占顾客心智。同时，面对琳琅满目的茶叶产品，顾客往往无从下手，茶叶企业要善于打造自家的明星产品，吸引顾客的注意力，以最简单的描述让顾客明白产品。八马茶业的赛珍珠铁观音、华祥苑的金凤凰铁观音等明星产品，都是通过明星效应，进行了一系列有效的市场推广活动，抢占了高端人群的心智资源，从而成为品类代表的。八马茶业提出安全、对口、正宗、稳定四大标准，有效地解决了消费者的痛点，从而激发了消费者的需求。

在茶文化层面，安溪铁观音具有中庸之美、中国功夫、大慈大悲三大灵魂；在茶叶保健层面，清香型铁观音抗衰老、浓香型铁观音降脂减肥、陈香型铁观音消炎去火；在茶叶性价比层面，安溪铁观音具有“三高”——香高、颜值高、性价比高；在茶叶属性层面，安溪铁观音因品种之优、栽培之精、加工之难、品饮之雅、功效之强、品牌之大成为茶中贵族。

4. 品牌传播分析

（1）修正认知，建立品类自信。

经过几十年的发展，安溪铁观音成为大江南北家喻户晓的领军品类，其独特的品质和文化内涵，彰显出了铁观音无与伦比的品牌之美、中庸之美、文化之美。八马茶业、华祥苑、日春、山国饮艺等企业的铁观音产品系列线上销售额每年都在增长，2020年“双11”八马茶业铁观音电商销售额增长了27.34%，12月28日晚“网红”主播直播带货，仅3分钟八马茶业铁观音销售额就达到了1200万元，说明了铁观音市场需求量庞大，具有很长的生命周期，一直在全国名茶中稳居主流地位。中庸之美、中国功夫、大慈大悲是安溪铁观音的三大灵魂，茶叶企业要以品牌价值、功能价值、商业价值、文化价值、质量安全等五大价值为诉求，修正人们的认知，增强铁观音的品质自信、文化自信、商业自信，从而让铁观音实现“二次腾飞”。

（2）恪守标准，抱团发展。

安溪茶帮是一个“你中有我、我中有你”的大军团，安溪茶人有着“不忘初心、记住乡愁”的铁观音情结。茶叶是地缘性产品，顾客会将区域品牌作为第一菜单，企业品牌作为第二菜单，即人们选择铁观音，先想到的是产自安溪的品牌，再从这个区域内的企业品牌中选择购买。安溪铁观音地理标志品牌价值高达1426.86亿元，位居全国各大名茶之首。这是难得的公共资源，是铁观音原产地企业品牌发展最有力的背书。因此，具有安溪铁观音地理标志产品资质的企业要善于运用地标进行营销，以正宗、安全、优质的产品获得顾客的信任。

品牌的基石是品质，品质的精髓是标准。企业在严格对照标准保证产品质量的同时，要抱团向消费者宣传地理标志产品保护规定，在顾客的心智里建立原产、正宗的信任状，引导顾客认准地理标志来消费。

铁观音的成功得益于强大的产业集群，得益于当地政府的持续推广，也得益于成百上千个铁观音品牌的集群效应。未来，铁观音市场品牌集中度将越来越大，广大茶叶企业一方面要打造自身品牌，另一方面也要自觉维护和宣传铁观音区域品牌，让区域品牌和企业品牌相得益彰，共同发展。

【任务实施】

步骤一：组建学习任务小组

教师根据学生的学号随机划分学习任务小组，每 5～6 人为一个小组，由小组成员自行选举小组长。

步骤二：任务分工

由小组长组织小组成员对如何完成本项目的学习任务"安溪铁观音营销案例剖析"进行充分讨论，从安溪铁观音的品牌定位、营销渠道、顾客群体、品牌传播等方面入手，然后制订完成该学习任务的初步计划，同时小组成员之间做好任务分工。

步骤三：为讲演介绍做准备

小组成员做好分工后开始搜集资料，或网上搜寻，或去图书馆翻书查阅，或实地探访安溪铁观音企业经营者，最后整理好文档，形成 PPT 或书面报告，小组成员依次上台讲演介绍。

步骤四：评价

小组成员完成讲演任务后，可以先进行自我评价和自我分析，然后由台下其他小组对其进行打分和评价，最后由教师简要点评并总结。评价内容、评价标准及各项目的分值见【任务评价】。

【任务评价】（见附录 A）

【任务巩固】

1. 简单分析安溪铁观音转型的方面。

2. 简单进行安溪铁观音的品牌传播分析。

任务 7.3 喜茶营销案例剖析

【任务分析】

喜茶是新式茶饮的知名品牌，喜茶营销策略的成功归功于其对产品不断进行创新及打磨、对品牌形象与内涵的深刻理解、对营销要素的成功把握。

【任务目标】

知识目标	了解喜茶的产品定位、品牌定位、价格定位、品牌传播、茶用户培养等
技能目标	1. 能够简单分析喜茶在互联网时代的营销特点 2. 能够简单阐述喜茶营销成功的原因
素质目标	能够理解互联网时代的消费特点，树立正确消费的价值观和人生观

【任务知识储备】

1. 产品定位分析

在喜茶的营销中，提炼产品卖点是其中的一大关键。茶饮市场向来是没有秘密的战场，对于一个爆红的品类，模仿者会随之跟上。学会提炼产品的卖点并加以宣传是让产品立于不败之地的关键所在。

产品是品牌强大的保障。在茶饮品牌策划中，只有用全案思维来打造整体品牌，才能保证品牌的顺利落地。从前期的品牌定位、品牌形象的打造，再到品牌营销策略的推进，都是以市场导向为基准的，再经过精准地消费群体定位分析后，才能有效地贯彻落实品牌全案策划的整体运行。

将喜茶打造成中国知名网红餐饮品牌的上海沪琛品牌营销策划有限公司认为，喜茶爆红的根本原因是消费升级的驱动。此外，居民收入的提高、科学技术的进步，都在潜移默化地改变着民众的消费习惯，影响着消费品市场。

对于任何一个品牌来说，产品是保障，品牌要想强大，离不开有特色的产品。喜茶受欢迎的主要原因就是它独特的清爽口感，相较于传统奶茶，喜茶利用乌龙茶、茉莉绿茶等，可以最大限度地保留茶香；喜茶坚持高温、高压萃取茶叶，而且每个茶袋只使用一次，因此茶味更醇厚、口感更绵密，如图 7-5 所示。

图 7-5　喜茶饮料

2. 品牌定位分析

喜茶品牌定位于年轻消费群体。一个优秀的品牌在建立之初离不开对品牌的定位，对于产品来说，只有明确目标消费群体，以市场导向为基准，才能形成明确的品牌定位，在同质化严重的茶饮市场，形成独树一帜的品牌个性。

新茶饮市场的目标消费群体明确指向年轻的女性消费群体。随后的一系列营销活动都是紧紧围绕这个目标消费群体去展开的。喜茶、奈雪的茶纷纷展开攻势，在店铺的设计风格和各种外卖优惠上，更倾向于满足年轻女性消费群体的需求。准确的定位营销让这些新茶饮品牌在资本市场上获得了不少青睐。

喜茶把目标消费群体聚焦于年轻消费群体。对于新一代年轻消费群体来说，价格往往不是考虑的要素，品质、服务，甚至品牌都排在价格之前。喜茶作为一款茶饮品牌，抓住了年轻消费群体追求品质与潮流的特点，不仅为年轻消费群体量身打造产品，店内的装修风格也极具青春活力，将现代元素和茶文化中的禅意元素完美结合，把品牌价值与青春时尚相关联，极大地迎合了年轻消费群体。

举个例子，喜茶独创的设计旋转式杯盖，充分抓住了年轻人的审美，符合当下年轻人喜欢社交、追求洋气的"轻奢"生活状态。

3. 价格定位分析

坦白讲，喜茶的价格并不具备优势。喜茶的主力产品价格为 20～30 元，放在传统茶叶行业内属于中高端水平。但是，喜茶的价格不是盲目调整的，而是以星巴克的价格对标的，星巴克的价格多为 25～40 元。就价格而言，喜茶 20～30 元的价格要稍微比星巴克低一档，这让很多看不起传统奶茶但是又觉得星巴克太贵的人有了新的选择。喜茶的价格相对于便宜的奶茶而言，并不占优势。但用户在消费的时候，买的不仅是一份产品，还是一份体面。喜茶制造出了一种独有的高级感。

4. 品牌传播分析

喜茶将裂变作为品牌传播途径。一方面，喜茶大范围地投放软文广告，抓住年轻消费者“追求潮流、爱分享”的特点，通过新媒体宣传造势，尽最大可能让喜茶的名字出现在年轻人的视线里，给年轻人留下深刻印象。另一方面，喜茶通过饥饿营销带动相当多的客流，通过取餐控制、限量控制和购买条件控制等措施控制购买，促成排队，从而营造一种供不应求的氛围，进一步刺激消费者的购买欲望。

5. 茶用户培养分析

从受众人群来看，喜茶的消费者大多是追求潮流的年轻消费者。对于他们来说，价格往往不是考虑的要素，品质、服务，甚至品牌都排在价格之前。喜茶作为一款茶饮品牌，可以说完全瞄准的是年轻消费者。

这些年轻消费者从产品中收获满足后，会自发地进行分享、传播，让越来越多的人了解产品，消费信息会越发透明。同时，随着消费信息的透明化，舆论会引导更多的需求，好的品牌能获得更多的青睐。

此外，喜茶不再满足于仅为顾客提供购买的产品，还开拓了休闲社交功能。北京朝阳区大悦城店占地面积较大，店铺内部设置了不少休闲区域，买完奶茶后的顾客可以在此饮茶社交。而黑金店的占地面积较小，约为98平方米，虽然店铺内设置了座位，但大部分消费者还是选择打包带走。

而且，喜茶也不再局限于选择年轻人聚集的场所，早在进入上海之前，喜茶就已经开始尝试品牌合作。喜茶通过与深航合作的进入深航总部的“heytea to go”活动，为早间机组人员送上热茶，提升了品牌好感度，还与酒店、化妆品品牌合作推出了联名产品。

网红店的诞生不是自发的，而是在网络媒介环境下，“网红”、网络推手、新媒体及受众等综合作用的结果。喜茶登陆上海后，来福士广场店的等待时间少则半个小时，多则数小时，黄牛加价起码一倍以上仍“一杯难求”。

喜茶自称芝士奶盖茶的始祖，独创了芝士奶盖。除了产品上的独创，在营销上喜茶也不遗余力，获得了融资之后，其开始大范围地投放软文广告。在这方面，喜茶毫无保留地选择了拥抱新媒体，尽最大可能让喜茶的名字出现在大家的朋友圈和微博里。以上海为例，门店尚未开业，就已经把上海很多微信大号、知名媒体统统“砸”了一遍。开业前三天买一赠一，然后借助7小时排队效应和消费者自发的晒图，进行二次传播，扩大了影响力。

这种饥饿营销是一种永不过时的营销手段，它利用了“人无我有”的炫耀心理和“人有我无”的攀比心理。饥饿营销中应用最广泛的就是排队了，如图7-6所示。通过控制消费者入场数量或产品的供给，营造出一种“产品非常抢手”的氛围，再利用人们的好奇心和从众心理，可能会产生非常好的营销效果。

图 7-6　喜茶门店排队购买

【任务实施】

步骤一：组建学习任务小组

教师根据学生的学号随机划分学习任务小组，每 5～6 人为一个小组，由小组成员自行选举小组长。

步骤二：任务分工

由小组长组织小组成员对如何完成本项目的学习任务"喜茶营销案例剖析"进行充分讨论，从产品定位、品牌定位、产品定价、品牌传播、茶用户培养等方面制订完成该学习任务的初步计划，同时小组成员之间做好任务分工。

步骤三：为茶叶市场问卷调查做准备

（1）制定调查方向（喜茶在市场上的影响力），并选取调查对象（广大消费者）。

（2）设置调查内容（是否喜欢喜茶、喜欢喜茶的原因等）。

首先，明确调查目的。根据调查目的，研究调查内容、调查范围等，酝酿问卷的整体构思，将所需要的资料一一列出，确定调查地点、时间及调查对象。其次，要分析样本特征，即分析了解各类被调查对象的基本情况，以便针对其特征来准备问卷。

（3）发放问卷和收集问卷（问卷发放方式）。

（4）整理数据，呈现出结果，然后针对调查结果展开分析。

步骤四：评价

小组成员完成市场调查和结果分析后，可以先进行自我评价和自我分析，然后由台下其他小组对其进行打分和评价，最后由教师简要点评并总结。评价内容、评价标准及各项目的分值见【任务评价】。

【任务评价】（见附录 A）

【任务巩固】

1．简单分析喜茶在年轻人群中受欢迎的原因。

2．简单进行喜茶的产品定位分析。

【素质园地：以茶悟静，从容面对历史赋予使命】

树立良好的职业心态

树立良好的职业心态是大学生在职场走向成功的关键。大学生即将踏入职场，只有树立良好的职业心态，才能在职业生涯中披荆斩棘，收获未来。树立良好的职业心态，可以从以下几个方面入手。

第一，学会让自己安静，让思维沉浸下来，慢慢降低对事物的欲望。大学生应将每天都当作新的起点，不受年龄的限制，控制自己的物欲。

第二，学会关爱自己，只有多关爱自己，才能有更多的能量去关爱其他人。如果有足够的能力，要尽量帮助能帮助的人。多帮助其他人，善待自己，也是一种减压的方式。

第三，心情烦躁的时候，喝一杯白开水，放一曲舒缓的轻音乐，闭眼，回味身边的人与事，对未来进行慢慢的梳理，这既是一种休息，又是一种冷静的思考。

第四，多和自己竞争，没必要嫉妒别人，也没必要羡慕别人。很多人由于羡慕别人，始终把自己当成旁观者，越是这样，越是会让自己掉进一个深渊。要相信，只要去做，你也是可以的，为自己的每一次进步而开心（事不分大小，复杂的事情简单做，简单的事情认真做，认真的事情反复做，争取做到最好）。

第五，广泛阅读，阅读实际上就是一个吸收养料的过程，现代人面临激烈的竞争、复杂的人际关系，为了让自己不至于在某些场合尴尬，可以进行广泛的阅读，让自己的头脑充实，这也是一种减压的方式。

第六，无论在任何条件下，自己都不能看不起自己，一定要相信自己。因为有这样一句话，只有自己喜欢自己，才会有更多的人喜欢你。

第七，学会调整情绪，尽量往好处想，很多人遇到事情的时候，就急得像热锅上的蚂蚁，本来可以很好地解决问题，但因为情绪把握不好，让简单的事情复杂化，让复杂的事情更难。其实，只要把握好事情的关键，把每个细节处理得妥帖，就能游刃有余。遇到棘手的事情，先冷静下来，然后想如何才能把它做好。越往好处想，心就越开，越往坏处想，心就越窄。

第八，珍惜身边的人，言语方面尽量不伤害他们，哪怕遇到不喜欢的人，也尽量迂回，找理由离开，不要肆意伤害。因为这样不仅会让自己的心情变坏，也会让场面更尴尬。珍惜现在身边的一切。

第九，热爱生命，每天吸收新的养料，每天要有不同的思维。学会换位思考，尽量寻找新的事物满足对世界的新奇感、神秘感。

我们每个人无论身处何位，无论从事何种职业，都要树立正确的心态，只有这样才能焕发工作的热情，从而具有工作动力。

附录 A

任务评价表

<table>
<tr><td colspan="2">姓名：</td><td>班级：　　　　　　　　　　学号：</td><td></td><td></td></tr>
<tr><td colspan="2">评价内容</td><td>评价标准</td><td>分值</td><td>得分</td></tr>
<tr><td rowspan="8">自我评价</td><td>工作态度</td><td>态度是否端正，完成任务时是否认真</td><td>10</td><td></td></tr>
<tr><td>操作技能</td><td>工作任务的完成程度、操作技能的掌握程度</td><td>20</td><td></td></tr>
<tr><td>工作效果</td><td>任务是否按时保质保量地完成</td><td>20</td><td></td></tr>
<tr><td>职业素养</td><td>知识与技能的灵活应用</td><td>10</td><td></td></tr>
<tr><td>沟通交流能力</td><td>完成任务的过程中是否进行充分沟通交流</td><td>10</td><td></td></tr>
<tr><td>团队协作能力</td><td>完成任务的过程中是否与组员通力协作</td><td>10</td><td></td></tr>
<tr><td>文案写作能力</td><td>完成任务的过程中形成的书面报告是否条理清晰、内容翔实</td><td>10</td><td></td></tr>
<tr><td>讲演表达能力</td><td>在台上讲演介绍时是否自信大方，表达流利顺畅</td><td>10</td><td></td></tr>
<tr><td rowspan="8">小组评价</td><td>工作态度</td><td>态度是否端正，完成任务时是否认真</td><td>10</td><td></td></tr>
<tr><td>操作技能</td><td>工作任务的完成程度、操作技能的掌握程度</td><td>20</td><td></td></tr>
<tr><td>工作效果</td><td>任务是否按时保质保量地完成</td><td>20</td><td></td></tr>
<tr><td>职业素养</td><td>知识与技能的灵活应用</td><td>10</td><td></td></tr>
<tr><td>沟通交流能力</td><td>完成任务的过程中是否进行充分沟通交流</td><td>10</td><td></td></tr>
<tr><td>团队协作能力</td><td>完成任务的过程中是否与组员通力协作</td><td>10</td><td></td></tr>
<tr><td>文案写作能力</td><td>完成任务的过程中形成的书面报告是否条理清晰、内容翔实</td><td>10</td><td></td></tr>
<tr><td>讲演表达能力</td><td>在台上讲演介绍时是否自信大方，表达流利顺畅</td><td>10</td><td></td></tr>
<tr><td rowspan="4">自我分析</td><td colspan="4">完成任务的过程中遇到的难点及解决方法</td></tr>
<tr><td colspan="4"></td></tr>
<tr><td colspan="4">不足之处</td></tr>
<tr><td colspan="4"></td></tr>
</table>

<table>
<tr><td rowspan="2">综合评价</td><td>自我评价
（20%）</td><td>小组评价
（30%）</td><td>教师评价
（50%）</td><td>综合得分</td></tr>
<tr><td></td><td></td><td></td><td></td></tr>
</table>

参考文献

[1] 管慧娟．关于茶叶行业电子商务营销模式探析[J]．财富时代，2021（12）：86-87．

[2] 郑椒瑾．试论茶叶营销策略[J]．福建茶叶，2021，43（12）：36-37．

[3] 王翠．茶文化视角下茶叶企业做好茶叶营销的思考[J]．福建茶叶，2021，43（08）：39-40．

[4] 胡玮．新零售视角下茶叶营销策略研究[J]．投资与创业，2021，32（15）：123-125．

[5] 黄仲跃．消费心理学视角下的茶叶营销战略——以小罐茶为例[J]．福建茶叶，2021，43（06）：29-31．

[6] 徐雪霞．茶叶直播营销——数字化时代的新常态[J]．福建茶叶，2021，43（05）：32-33．

[7] 李瑞智．互联网背景下茶叶营销策略研究——以普洱茶为例[J]．福建茶叶，2021，43（05）：22-23．

[8] 叶宜．基于新零售视角下的茶叶营销模式探索[J]．山西农经，2021（09）：181-182．

[9] 于海锋．浅析网红直播带货对茶叶营销的影响[J]．福建茶叶，2021，43（04）：64-65．

[10] 骆清，贺娟．高职院校课程实训与素质实践的融合探索——以茶艺与茶叶营销专业为例[J]．福建轻纺，2021（04）：2-5．

[11] 杨丽敏．现代茶叶贸易的网络营销市场分析与发展对策研究[J]．福建茶叶，2021，43（02）：51-52．

[12] 马珀，王琰琰，陈志芳，等．试论互联网背景下的茶叶营销策略[J]．福建茶叶，2021，43（01）：56-58．

[13] 耿旭蓉．电商背景下茶叶营销方式分析[J]．福建茶叶，2021，43（01）：46-48．

[14]]林梦星，姜爱芹，陈富桥．年轻群体饮料消费行为特征及对茶叶营销的启示[J]．中国茶叶，2021，43（01）：44-49．

[15] 邵运川．新零售背景下茶叶企业精准营销模式研究[J]．福建茶叶，2020，42（12）：55-56．

[16] 程园．新零售背景下茶叶营销策略研究[J]．福建茶叶，2020，42（12）：35-36．

[17] 隋鑫．基于电子商务模式茶叶营销策略研究[J]．福建茶叶，2020，42（11）：45-46．

[18] 叶元高，叶萌．疫情期间茶叶短期、长期营销攻略[J]．福建茶叶，2020，42（11）：47-48．

[19] 陈珺．大数据环境下贵州省茶叶营销如何精准定位[J]．福建茶叶，2020，42（10）：

53-54.

[20] 谢虎军．基于产教融合的茶艺与茶叶营销专业课程体系构建探析[J]．现代农业科技，2020（22）：235-237.

[21] 谢虎军．基于产教融合的茶艺与茶叶营销专业人才培养模式构建与创新[J]．中国管理信息化，2020，23（21）：184-186.

[22] 林惜才，胡彩平，刘少群，等．茶叶电商营销发展现状与建议[J]．农村经济与科技，2020，31（16）：78-79.

[23] 刘超．大数据视域下的茶叶营销策略研究[J]．福建茶叶，2020，42（07）：49-50.

[24] 马琳．现代学徒制视域下高职茶艺与茶叶营销专业岗课融合探究[J]．福建茶叶，2020，42（06）：67-68.

[25] 赵晓光，马琳．高职茶叶电商营销人才现代学徒制岗课融合培养模式[J]．福建茶叶，2020，42（06）：92-93.

[26] 陈德庆．基于互联网金融背景下的茶叶营销策略研究[J]．营销界，2020（19）：50-51.

[27] 余舜尧，胡勇，吴新道．"互联网+"视角下茶叶营销专业学生创业能力培养的有效探究[J]．福建茶叶，2019，41（11）：33.

[28] 李自强，叶伟娇，陈佑成，等．微型茶叶企业社会网络对茶叶营销渠道绩效的影响[J]．林业经济问题，2019，39（06）：650-658.

[29] 陈琪．茶叶农产品营销创新策略[J]．农业工程，2019，9（08）：153-155.

[30] 林艺珊，蔡烈伟．体验消费行为下的茶叶营销策略分析[J]．福建茶叶，2019，41（05）：39-40.

[31] 杨中昭．电商冲击下的茶叶实体店营销策略研究[J]．福建茶叶，2019，41（01）：36-37.

[32] 黄琦．茶叶全渠道营销策略探析[J]．中国商论，2019（01）：81-82.

[33] 张红兵，韩霜．新时期基于消费心理的茶叶营销策略研究[J]．河北企业，2019（01）：101-103.

[34] 游天嘉．电商环境下茶叶营销发展模式创新研究[J]．黑河学院学报，2018，9（12）：37-38.

[35] 彭静．基于消费者需求意向的网络茶叶营销策略探究[J]．福建茶叶，2018，40（10）：60.

反侵权盗版声明

举报电话：（010）88254396；（010）88258888

传　　真：（010）88254397

E-mail：dbqq@phei.com.cn

通信地址：北京市万寿路 173 信箱

电子工业出版社总编办公室

邮　　编：100036

反侵权盗版声明